Microsoft Teams

Die Anleitung für Einsteiger im Homeoffice

Liebe Leserin, lieber Leser,

Microsoft Teams kann sowohl von riesigen Konzernen mit mehreren Tausend Mitarbeitern, als auch von kleineren Unternehmen zur Kommunikation in Online-Meetings oder Einzelchats und zur Organisation gemeinsamer Aufgaben nutzbringend eingesetzt werden. Dieses Büchlein möchte Ihnen zum schnellen Einstieg in Microsoft Teams verhelfen und richtet sich an Anwender. Die Verwaltung und Rechtevergabe durch Administratoren ist dagegen ein sehr komplexes Thema und wird hier nicht behandelt.

Microsoft Teams kann als Desktop-App auf dem Rechner, als Mobile App auf dem Smartphone oder auch nur im Browser genutzt werden. Wir beschäftigen uns hier hauptsächlich mit der Desktop-App, da die Web-App aber in vielen Teilen gleich aufgebaut ist, hilft auch hier die Anleitung weiter.

Hinweis: Für Lehrzwecke gibt es darüber hinaus Microsoft Teams Education, auf diese Version wird hier nicht eingegangen, sondern dieses Buch widmet sich ausschließlich der Nutzung von Teams im Unternehmen.

Wichtig zu wissen ist außerdem, dass die Teams-Administratoren die Bearbeitungsmöglichkeiten der Mitglieder beschränken können. Sollte eine hier beschriebene Funktion an Ihrem PC nicht verfügbar oder nachvollziehbar sein, kann es auch daran liegen, dass Sie nicht die Berechtigung besitzen.

Wir wünschen Ihnen viel Spaß mit Microsoft Teams!

Verlag:
BILDNER Verlag GmbH
Bahnhofstraße 8
94032 Passau

http://www.bildner-verlag.de
info@bildner-verlag.de

ISBN: 978-3-8328-0421-3
Bestellnummer: 0445

Autorinnen: Inge Baumeister, Anja Schmid
Herausgeber: Christian Bildner

Druck: WirmachenDruck.de, Mühlbachstr. 7, 71522 Backnang:

Bildquellen:
Cover: © goodluz - stock.adobe.com (Foto mit Mann)
© pikselstock - stock.adobe.com (Foto mit Frau)

Inhaltsverzeichnis

1 Erster Start

Viele von Ihnen werden von den Systemadministratoren im Unternehmen wunderbar betreut und auf Ihrem Laptop befindet sich alles, was Sie zum Arbeiten benötigen. Manche sitzen vielleicht überraschenderweise zu Hause im Homeoffice und Teams fehlt noch auf dem Rechner. Für Sie ist das folgende Kapitel:

1.1 So installieren Sie Teams

Im Unternehmen nutzen Sie Microsoft Teams als Bestandteil eines Office 365 Abos entweder in der umfangreichen Version Office 365 Premium oder Office 365 Essentials. Unterschied ist, dass Ihnen mit der Premiumversion weitere Programme, wie z. B. die Desktop-Apps Word, Excel, PowerPoint, Outlook und weitere Apps zur Verfügung gestellt werden. Teams selbst verfügt in beiden Abo-Versionen über denselben Funktionsumfang. Außerdem stellt Microsoft eine kostenlose Version zur Verfügung, dazu gleich mehr auf der nächsten Seite.

Teams kann als Version für den Desktop (PC-Programm) heruntergeladen, als Web-Version im Browser angezeigt werden oder auf dem Smartphone als Mobile App genutzt werden. In diesem Buch beschäftigen wir uns hauptsächlich mit der Desktop-App, da diese den größten Funktionsumfang bietet.

Vorbereitung: Daten des Organisationskontos heraussuchen

Was Sie benötigen sind die Zugangsdaten Ihres Organisationskontos, welches auch oft als Geschäftskonto bezeichnet wird: E-Mail-Adresse und Kennwort. Das Organisationskonto wurde im Unternehmen von Ihrem Administrator eingerichtet. Ein typisches Organisationskonto für den Mitarbeiter Tom Mustermann könnte beispielsweise lauten: tm@firmenname.onmicrosoft.com. Mit diesem Konto und dem zugehörigen Kennwort kann Microsoft Teams heruntergeladen werden. Lassen Sie sich nicht beirren, falls der Zusatz onmicrosoft fehlt. Es kann sich dennoch um ein Organisationskonto handeln, da die Domain nachträglich vom Administrator geändert werden kann.

Desktop-App herunterladen

1 Navigieren Sie nun zur Webseite https://www.office.com, klicken Sie auf *Anmelden* und geben Sie die Daten Ihres Organisationskontos an.

2 Sie erhalten eine Übersicht aller Programme, die Ihnen über Office 365 angeboten werden. Wenn Sie über einen Office 365 Premium Zugang verfügen (wie im Bild unten gezeigt) werden Sie in der Regel auch Office installieren, es ist aber auch möglich nur Teams zu verwenden. Klicken Sie auf *Teams*.

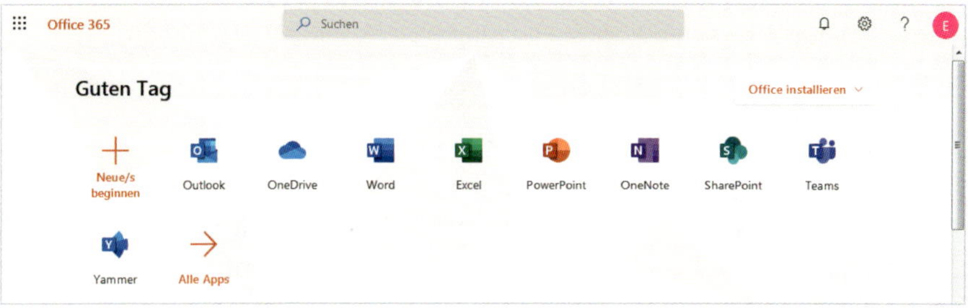

3 Im nächsten Schritt entscheiden Sie, ob Sie mit der Windows-App oder der Web-App arbeiten möchten. Der wichtigste Grund die Web-App nicht zu verwenden ist, dass das Feature *Bildschirm mit einer anderen Person während eines Anrufs teilen* nicht zur Verfügung steht. Laden Sie wann immer möglich die Desktop-App herunter. Klicken Sie dazu auf *Windows-App herunterladen*.

Teams kostenlos nutzen mit einem Microsoft-Konto
Microsoft stellt Nutzern eines Microsoft-Kontos eine eingeschränkte Version von Microsoft-Teams kostenlos zur Verfügung. Dazu muss aber dieses bei Microsoft registriert werden. Dann können Sie sich über https://teams.microsoft.com anmelden und die Desktop-App ebenfalls herunterladen.

Download als Browser-App

Falls Sie auf Ihrem Rechner nicht die Berechtigung haben, Programme zu installieren oder wenn Sie an einem fremden PC arbeiten, bleibt Ihnen für den Moment nur die Web-App. Die Web-App kann mit Internet Explorer 11, Microsoft Edge und Google Chrome genutzt werden; Safari wird leider nicht unterstützt. Zur Anzeige gehen Sie so vor:

1. Geben Sie in den Browser die Addresse https://teams.microsoft.com ein.
2. Geben Sie Ihre Anmeldedaten ein und klicken Sie auf *Anmelden*.
3. Im nächsten Schritt entscheiden Sie, ob Sie angemeldet bleiben möchten.
4. Wählen Sie dann *Stattdessen die Web-App* verwenden aus.

5. Unter Umständen erhalten Sie einen kurzen Einstieg in die Nutzung von Teams. Dann wird die Microsoft-Teams Oberfläche im Browser angezeigt.

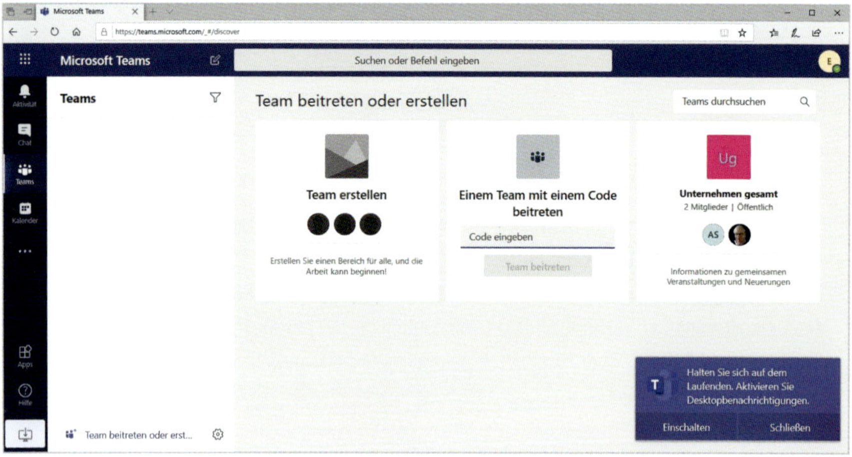

- Beim nächsten Login geben Sie wieder die Adresse https://teams.microsoft.com in den Browser ein und ggfs. Ihre Anmeldeinformationen. So gelangen Sie erneut zur Microsoft Teams-Oberfläche.
- Sie können jederzeit über das Symbol unten links die Desktop-App herunterladen.
- Sollten Sie an einem fremden Rechner arbeiten, loggen Sie sich durch Anklicken Ihres Kontosymbols und Auswahl von *Abmelden* aus.

Die Mobile-App herunterladen

Sie möchten Teams auch unterwegs auf Ihrem Smartphone nutzen. Schon während des ersten Herunterladens kann die Installation der Mobile-App angestoßen werden. Das wird oft übersehen, was kein Problem ist, da Sie das jederzeit nachholen können.

Sie könnten den Prozess über die Schaltfläche *Mobile-App herunterladen* im Programmfenster unten links anstoßen. Das ist aber etwas umständlich. Aus diesem Grund schlagen wir diesen Weg vor, den wir an einem Android-Smartphone im Play Store nachvollziehen:

- Rufen Sie Microsoft Teams im Play Store auf. Klicken Sie auf *Installieren* ❶.
- Nach erfolgreichem Download der App öffnen Sie diese und melden sich an. Unter Umständen wird ein falsches Konto für die Anmeldung vorgeschlagen. Wählen Sie dann *Mit einem anderen Konto anmelden* ❷ aus.

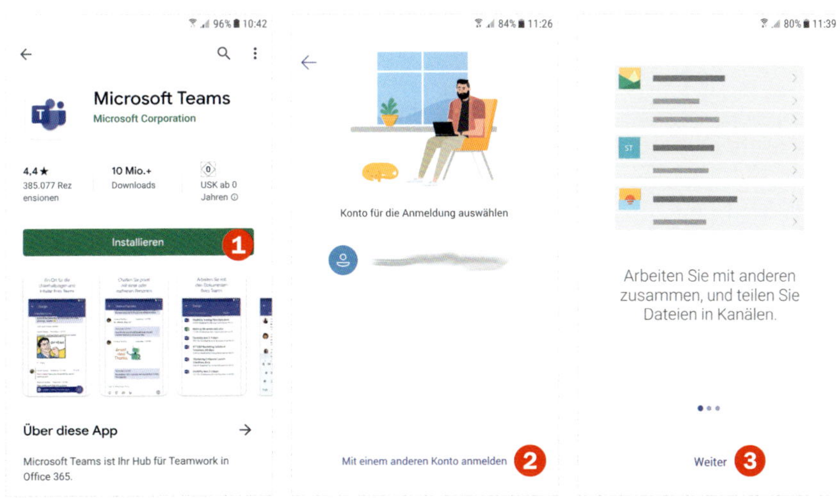

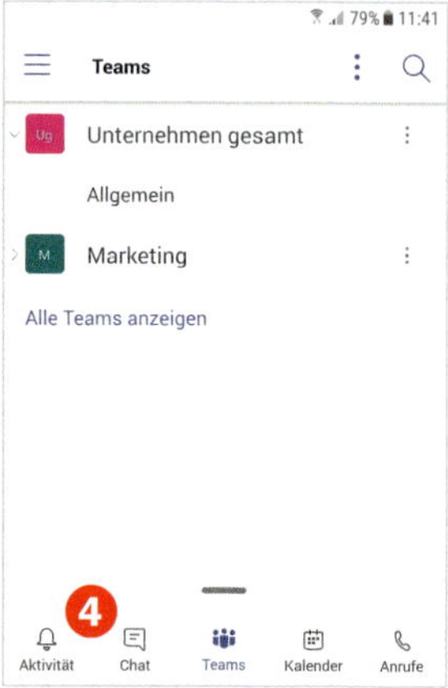

- Geben Sie die E-Mail-Adresse ein, tippen Sie auf *Anmelden*, danach tippen Sie das Kennwort ein und bestätigen erneut mit *Anmelden*.
- Danach folgt eine kleine Übersicht zu Teams, wenn Sie diese nicht durchsehen möchten, tippen Sie einfach auf *Weiter* ❸.

Teams ist jetzt fertig eingerichtet und kann verwendet werden. Die Übersicht zum Wechsel zwischen den einzelnen Bereichen finden Sie am unteren Bildschirmrand ❹.

1.2 Übersicht gewinnen

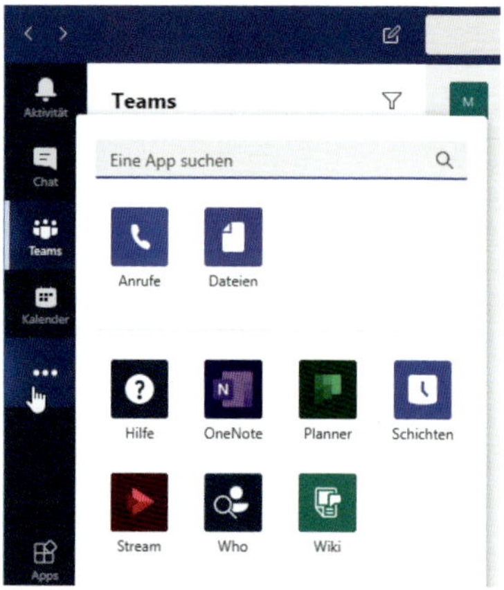

Am linken Rand des Programmfensters der Desktop-App wechseln Sie zwischen den einzelnen Bereichen. Hier stehen Ihnen je nach Größe des Programmfenster *Aktivität*, *Chat*, *Teams*, *Kalender*, *Anrufe* als Arbeitsbereiche zur Verfügung. Fehlende Bereiche wählen Sie durch Anklicken von ••• aus.

Wenn Sie noch nie mit Teams gearbeitet haben, finden Sie im Bereich *Teams* den ersten Einstieg.

Was der Bereich Teams bietet

Im Bereich *Teams* sehen Sie auf der linken Seite Ihre Teams; zu diesen wurden Sie bereits hinzugefügt. Unternehmensweit stehen weitere Teams zur Verfügung, für die Sie keine Zugangsberechtigung haben und die deshalb hier auch nicht angezeigt werden. Im Beispiel auf der nächsten Seite stehen dem angemeldeten Nutzer zwei Teams zur Verfügung: *Unternehmen gesamt* und *Marketing*.

Was ist ein Team?
Ein Team ist eine Arbeitsgruppe, also eine Verbund von Kollegen, die eine Aufgabe gemeinsam erledigen und hierzu über das Team Informationen austauschen. Dabei können die Teammitglieder einer Abteilung angehören (Marketing) oder aus verschiedenen Bereichen kommen (KeyUser EDV).

Wer ist in meinem Team?

Wenn Sie sehen möchten, wer zum Team gehört klicken Sie hinter dem Team auf *Weitere Optionen* ••• ❶ und wählen *Team verwalten* aus. Klicken Sie im Register *Mitglieder* ❷ auf das graue Dreieck, um die Anzeige zu erweitern. Hier sehen Sie den oder die Besitzer des Teams und die Mitglieder bzw. Gäste. Zu den unterschiedlichen Rollen erfahren Sie gleich mehr. Um den Bereich zu verlassen und wieder zur Ausgangsansicht zurückzukehren, klicken Sie einfach links ein Team an oder Sie klicken auf die Schaltfläche *Zurück* ❸ links oben.

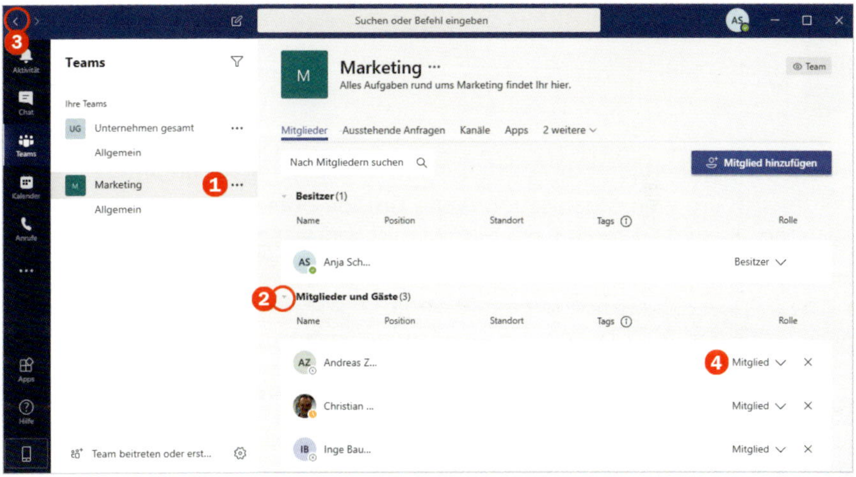

Was ist eine Rolle?

Wie Sie im Bild oben sehen hat jedes Teammitglied eine Rolle ❹. Diese bestimmt darüber, welche Bearbeitungsrechte der Einzelne im Team hat. Es gibt die Rollen Besitzer, Mitglied und Gast.

- Besitzer: Der Besitzer eines Teams hat Verwaltungsrechte, er kann Mitglieder hinzufügen, Rollen verändern (z. B. ein anderes Mitglied ebenfalls zum Besitzer machen), Mitglieder oder auch das gesamte Team löschen und er legt die grundlegenden Einstellungen für das Team fest.
- Mitglieder: Standardmäßig dürfen Mitglieder Kanäle (siehe nächste Seite) erstellen, bearbeiten und löschen. Diese Rechte können allerdings vom Besitzer geändert werden.
- Gäste: Ein Gast ist nicht Mitglied des Unternehmens, während Besitzer und Mitglieder derselben Domäne angehören, z. B. musterfirma.de, tut das der Gast nicht. Er muss gesondert eingeladen werden. Er kann die Inhalte des Teams sehen, Beiträge posten und Dateien bearbeiten. In der Regel kann er keine Kanäle anlegen, bearbeiten oder löschen.

Arten von Teams

Im Beispiel unten sehen Sie zwei Teams: *Marketing* und *Unternehmen gesamt*. Das Team *Marketing* besteht aus einem ausgewählten Personenkreis, Microsoft spricht in diesem Zusammenhang auch von einem privaten Team. Diese erkennt man am Symbol Team rechts oben

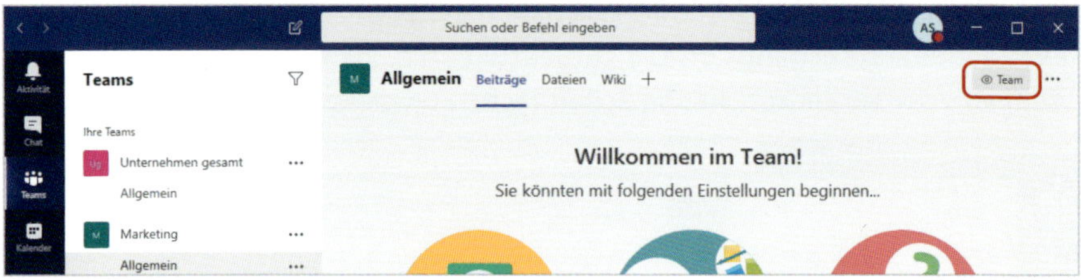

Eine Besonderheit bietet das Team *Unternehmen gesamt*: Bei diesem Team handelt es sich um eine organisationsweite Gruppe oder öffentliches Team, d. h. alle Kollegen im Unternehmen sind Teil dieses Teams. Ein organisationsweites Team erhält hierfür eine andere Kennzeichnung Organisation .

Jedem Team ist der Bereich *Allgemein* untergeordnet. Dabei handelt es sich um den Standardkanal jedes Teams. Dieser kann weder umbenannt noch gelöscht werden.

Was ist ein Kanal?

Jede Arbeitsgruppe widmet sich unterschiedlichen Themen. So beschäftigt sich das Marketing vielleicht allgemein mit Auftritten auf Social Media Plattformen, dreht im Speziellen Videos für YouTube, stellt Inhalte für den Newsletter bereit, bearbeitet eine Firmenzeitschrift und vieles mehr. Das alles wild durchgewürfelt im Team Marketing zu besprechen, würde zu einem riesigen Durcheinander führen. Aus diesem Grund gibt es Kanäle, die sich unterschiedlichen Unterhaltungsthemen widmen.

Nicht alle Teammitglieder müssen auch Mitglieder jedes Kanals sein. So steuern Sie Informationsströme und überfrachten die einzelnen Mitglieder nicht mit Informationen, die diese nicht benötigen. Informationen die alle Teammitglieder betreffen, hinterlegen Sie im Kanal Allgemein.

Wie Sie einen neuen Kanal anlegen, erfahren Sie gleich im Anschluss auf Seite 23. Jeder Kanal ist unterteilt in Register. Die Kanäle *Allgemein* verfügen über die Register *Beiträge*, *Dateien* und *Wiki*. Weitere Registerkarten, die auf Webseiten, PDF-Dateien, Word-Dokumente etc. verweisen, können hinzugefügt werden.

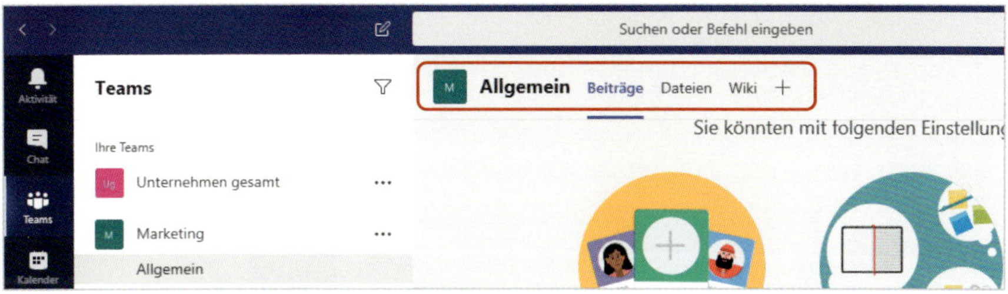

Beiträge, Dateien und Wiki - wie verwenden?
Beiträge sind die Chatnachrichten eines Kanals. Alle Mitglieder des Kanals sehen den Beitrag und können darauf antworten. Hier sollten kanalbezogene Informationen ausgetauscht werden. Wer schnell mal ein bisschen unter Kollegen plaudern möchte, verwendet besser den Einzelchat.

Auch Dateien können über den Kanal mit den Kollegen ausgetauscht werden, dazu steht dieser Bereich zur Verfügung.

Das Wiki dient dazu Ideen, Anleitungen oder Vorgaben für alle im Team bereitzustellen. Verwendet wird es, wie ein Notizblock, den man Seite um Seite füllt. Zwar gibt es eine Art Inhaltsverzeichnis, aber keine weiteren Suchfunktionen, was die Nutzung erschwert.

In Kontakt bleiben in den Bereichen Chat und Anrufe

Chat: Im Bereich Chat können Sie mit einer oder mehreren Personen eine Unterhaltung führen. Aus diesem Bereich können Sie auch schnell einen Sprach- oder Videoanruf starten.

Anrufe: Der Bereich Anrufe bietet eine einfache Möglichkeit wichtige Kontakte zu hinterlegen und diese auf diesem Wege schnell via Sprach-, Videoanruf oder Chat zu erreichen, dazu gleich mehr auf Seite 15.

Auf dem Laufenden bleiben

Aktivität

Im Bereich *Aktivität* erfahren Sie, was in Microsoft Teams so passiert ist. Allerdings stellt der Bereich die Informationen unsortiert als Liste zur Verfügung. Aktivität ist in zwei Bereiche unterteilt: *Feed* und *Meine Aktivität*.

Feed: Alles was Ihrer Aufmerksamkeit entgehen könnte, wie beispielsweise verpasste Anrufe, Erwähnungen in Chats, neue Kanäle und vieles mehr werden hier aufgelistet.

Meine Aktivität: Ihre Beiträge in Kanälen werden hier angezeigt, Chatnachrichten gehören nicht dazu.

Dateien

Sie vermissen eine Datei, die Sie über Teams ausgetauscht haben. Hier finden Sie eine Übersicht aller Dateien mit Änderungsdatum und Speicherort.

Nach Informationen suchen

Das Suchfeld am oberen Bildschirmrand ist ein tolles Tool um Verschiedenes zum ersten Mal oder auch wiederzufinden. Geben Sie den Suchbegriff ein, schon während der Eingabe werden erste Übereinstimmungen angezeigt. Bestätigen Sie mit der Enter-Taste. Nun können Sie zwischen den Bereichen *Nachrichten*, *Mitglieder* und *Dateien* wechseln und die Suchergebnisse anzeigen.

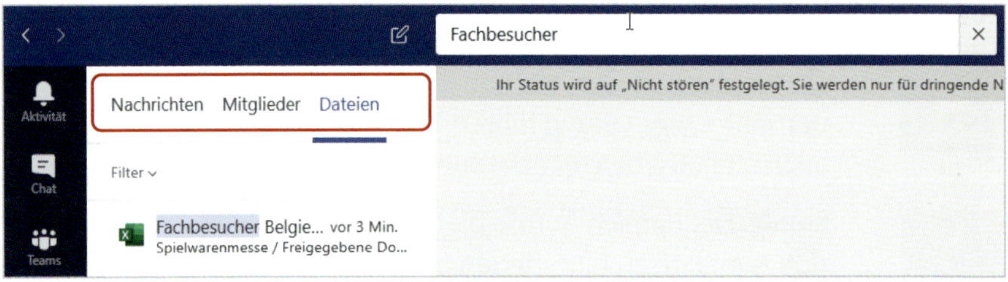

Liste mit Befehlen: Geben Sie einen Slash / in das Suchfeld ein, um eine Liste mit Befehlen zu erhalten, die über das Suchfeld ausgeführt werden können. Der Befehl /nichtstören und Bestätigung mit der Enter-Taste setzt Ihre Statusanzeige beispielsweise auf *Nicht stören*.

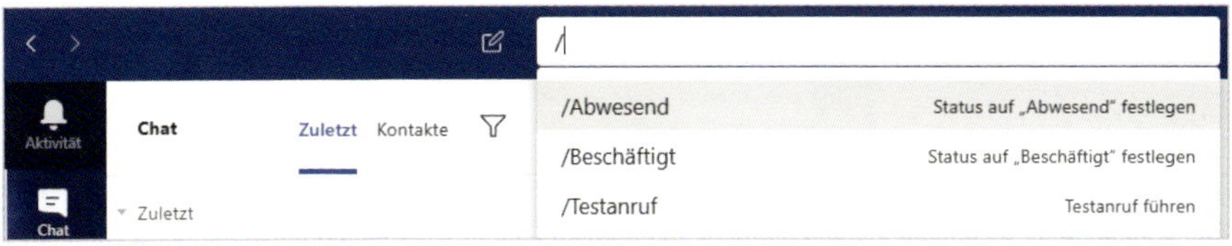

Kalender

Im Bereich *Kalender* sehen Sie eigene Termine. Diese werden mit Outlook 365 synchronisiert. Außerdem können Sie hier, ähnlich wie in Outlook, Besprechungen planen und Ihre Kollegen dazu einladen.

1.3 Die wichtigsten Kontaktdaten hinterlegen

Starten Sie Ihre Nutzung von MS Teams damit wichtige Kontakte, die Sie ab jetzt häufiger per Videoanruf kontaktieren möchten, zu hinterlegen:

- Zeigen Sie den Bereich *Anrufe* ❶ an.
- Klicken Sie dann auf die Schaltfläche *Kurzwahl hinzufügen* ❷ und tippen Sie den Namen des Kollegen ein. Bestätigen Sie mit *Hinzufügen*.

Auf diese Weise erhalten Sie eine übersichtliche Zusammenstellung der wichtigsten Kontakte und können schnell einen Video- oder Sprachanruf ❸ beginnen.

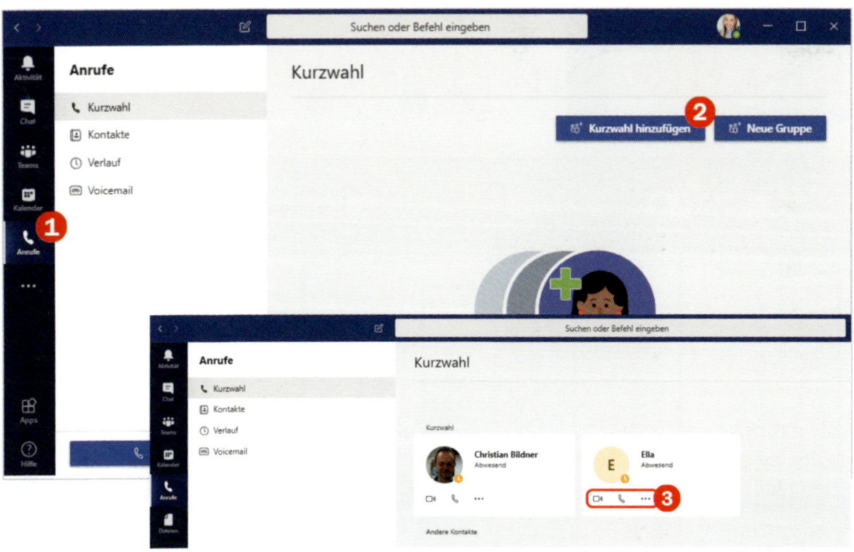

Aktivität:
Benachrichtigungsliste zu verpassten Anrufen, Antworten auf Ihre Beiträge, Erwähnungen, neuen Teams und Kanälen. Bietet auch eine Liste eigener Aktivitäten in den Kanälen.

Chat:
Hier tauschen Sie sich mit Kollegen aus entweder einzeln oder in Gruppenchats.

Teams:
Bilden Sie Arbeitsgruppen (Teams) und unterteilen Sie diese nach Themen (Kanäle). So können Informationen gezielt mit dem Team geteilt werden.

Kalender:
Im Kalender planen Sie Besprechungen und laden Kollegen zu einem gemeinsamen Video-Meeting ein.

Anrufe:
Sprach- und Videoanrufe zu zweit oder in der Gruppe – alles ist möglich.

Dateien:
Übersichtliche Zusammenfassung aller über Microsoft-Teams ausgetauschter Dateien.

Apps:
Sie benötigen weitere Funktionalitäten? Vielleicht werden Sie bei Apps fündig, z. B. mit dem Microsoft Planner einem Tool zur Aufgabenplanung.

Navigation:
Mit Zurück wechseln Sie zur vorherigen Ansicht und mit Weiter wieder zum Bereich den Sie gerade mit der Zurück-Schaltfläche verlassen haben.

Rote Ziffer:
Der Bereich hält Neuigkeiten für Sie bereit. Diese sind in fetter Schrift hervorgehoben.

Neuer Chat

Suchfeld:
Hier finden Sie Kollegen, können nach Dateien suchen und Infos in Chatnachrichten oder Teams-Beiträgen wiederfinden.

Profil & Einstellungen:
Ändern Sie die Statusanzeige, hinterlegen Sie ein Profilbild oder kontrollieren Sie die Einstellungen für Benachrichtigungen und Leseberechtigung.

2 Persönliche Einstellungen

Rechts oben sehen Sie entweder Ihr Profilbild oder den Platzhalter dafür. Klicken Sie darauf, um einige persönliche Einstellungen vorzunehmen.

2.1 Profilbild

Klicken Sie auf Ihr Profilbild bzw. den Platzhalter ❶ und auf *Bild ändern* ❷. Mit Klick auf *Bild hochladen* ❸ können Sie anschließend ein Bild auf Ihrem Gerät auswählen, klicken Sie dann auf *Speichern* ❹ und zuletzt auf *Schließen* ❺. Der Platzhalter wurde nun durch Ihr Bild ersetzt. Dieses Bild können Sie auf demselben Weg jederzeit ändern oder wieder entfernen.

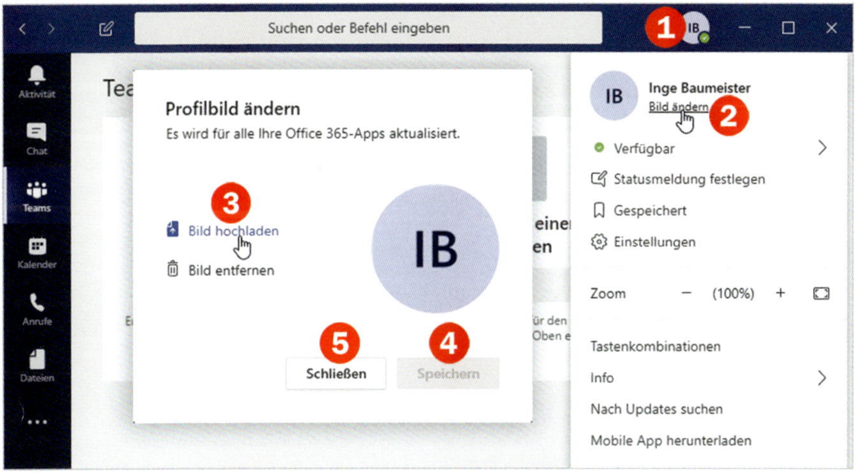

2.2 Statusanzeige

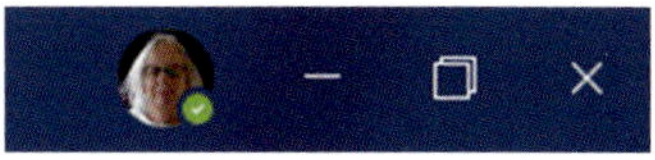

Ihr Profilbild weist ein kleines Symbol auf, das anderen im Team Ihren Status signalisiert. Ein grünes Häkchen bedeutet *Verfügbar*. Der Status ändert sich automatisch in *Abwesend*, wenn Ihr Gerät in den Ruhemodus wechselt, auf mobilen Geräten erscheint *Abwesend* auch, wenn sich die Teams-App im Hintergrund befindet. Während eines Anrufs wechselt Ihr Status in *Beschäftigt*.

Um den Status manuell zu ändern, klicken Sie auf Ihr Bild und dann auf den Status ❶.

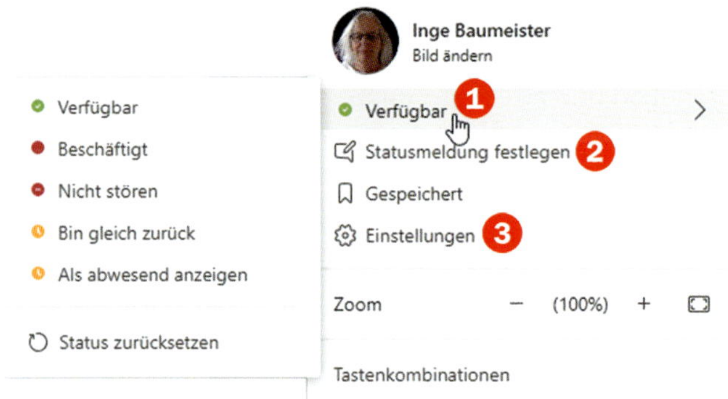

- Wenn Sie offline sind, werden trotzdem Chatnachrichten empfangen. Sie sehen diese Nachrichten in Teams, wenn Sie wieder online sind.
- Im Status *Nicht stören* erhalten Sie zwar Chatnachrichten, aber keine Bannerbenachrichtigung. Anrufe werden nicht an Sie weitergeleitet, ausgenommen von Personen, die Sie in Ihre Prioritätsliste aufgenommen haben, siehe unten.

Personen in Prioritätsliste aufnehmen

Klicken Sie auf *Einstellungen* ❷ und auf *Datenschutz*. Über die Schaltfläche *Prioritätszugriff verwalten* können Sie nun Kontakte hinzufügen, s. Bild unten.

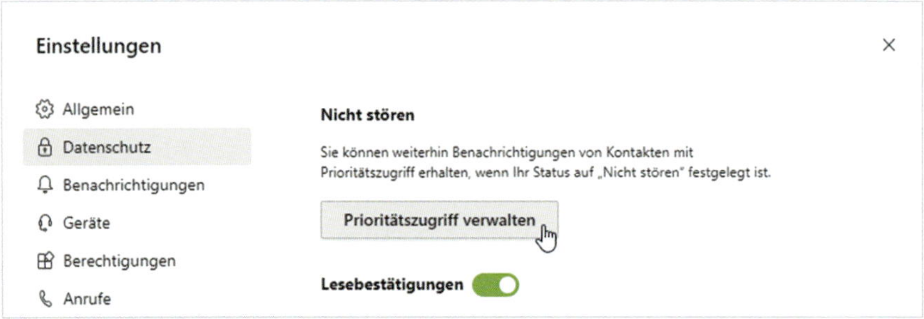

Statusmeldung festlegen

Unterhalb Ihres Status können Sie bei Bedarf eine Statusmeldung festlegen ❸. Diese erscheint bei Kontakten, die Ihnen eine Nachricht senden. Mit dem @-Zeichen ist es auch möglich, eine Meldung gezielt für eine bestimmte Person zu formulieren.

2.3 Weitere Einstellungen

Design und Sprache

Mit Klick auf Ihr Bild und auf *Einstellungen* steuern Sie unter anderem die Sprache und das Verhalten von Benachrichtigungen.

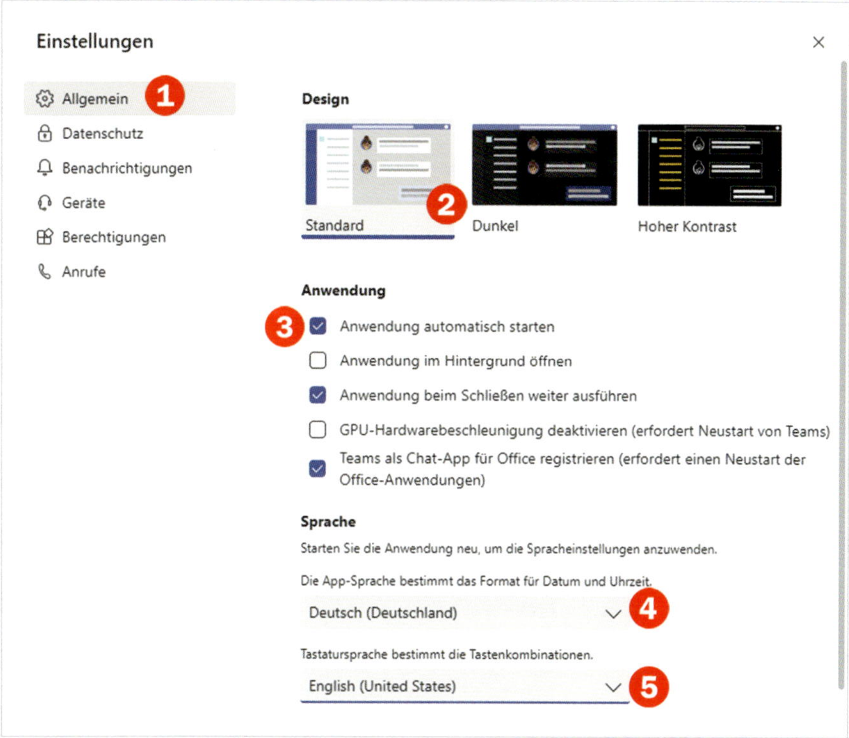

Unter *Allgemein* ❶ können Sie zwischen hellem und dunklem Design ❷ bzw. Hintergrund wählen sowie das automatische Starten von Teams beim Einschalten des Geräts aktivieren und deaktivieren ❸. Die Sprache ❹, hier *Deutsch (Deutschland)* bestimmt die Schreibweise von Datum und Uhrzeit.

> **Teams mit Tastenkombinationen steuern**
> Falls Sie Teams mit Tastenkombinationen steuern möchten, müssen Sie auch die Tastatursprache ❺ entsprechend ändern. Standardmäßig ist hier Englisch eingestellt. Ein Zusammenstellung der verfügbaren Tasten erhalten Sie über Ihr Bild und den Befehl *Tastenkombinationen*.

Anzeige von Benachrichtigungen

Befindet sich Microsoft Teams im Hintergrund, so erscheinen eingehende Nachrichten in Form eines Banners in der rechten unteren Ecke des Bildschirms, ähnlich den Benachrichtigungen der Infoleiste von Windows.

Ob und wann diese Banner erscheinen, steuern Sie in den Einstellungen mit Klick auf *Benachrichtigungen* und zwar jeweils für Erwähnungen, Nachrichten Besprechungen und sonstige Ereignisse.

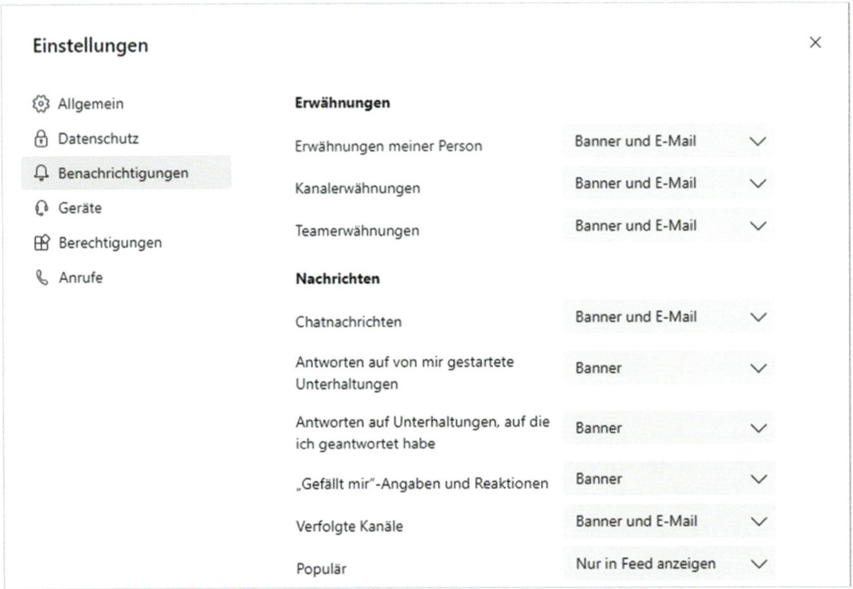

E-Mail Benachrichtigung deaktivieren

In der Standardeinstellung wird für viele Benachrichtigungen zusätzlich zum Banner auch eine E-Mail an Sie gesendet und erscheint in Outlook. Wo dies nicht nötig ist, wählen Sie am besten *Banner* anstatt *Banner und E-Mail* aus.

Kamera und Mikrofon verwalten

Zum Testen von Kamera und Mikrofon klicken Sie in den Einstellungen auf *Geräte*, ggf. können Sie hier auch ein anderes Gerät wählen.

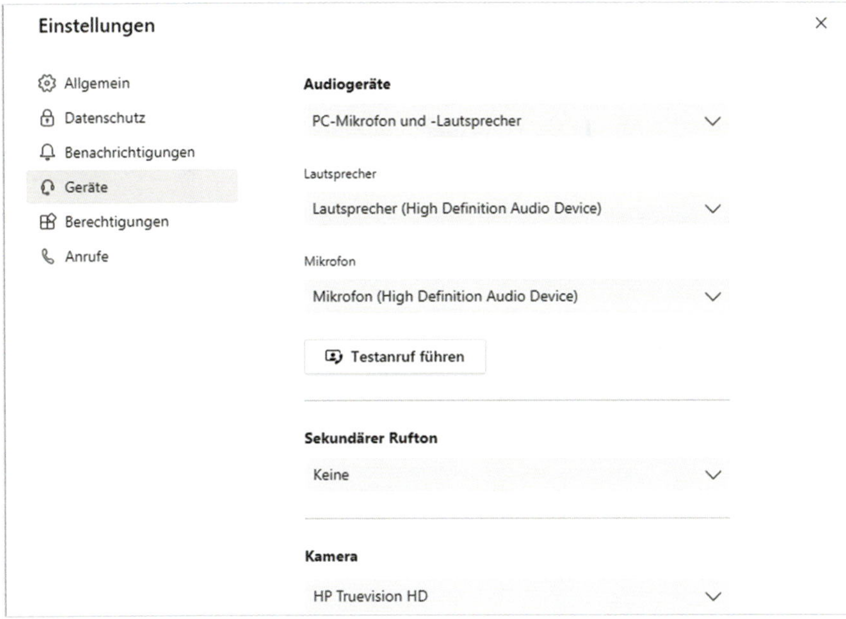

Zugriff auf Geräte, Standort usw.

Damit Microsoft Teams und eventuell weitere hinzugefügte Apps Kamera, Mikrofon und Lautsprecher sowie andere Informationen nutzen können, ist eine Berechtigung erforderlich. Diese kontrollieren und ändern Sie über *Berechtigungen*. In der Standardeinstellung ist der Zugriff auf alle Ressourcen gestattet.

Anrufe an Voicemail weiterleiten und Klingelton ändern

Wenn Sie eingehende Anrufe automatisch beantworten lassen möchten, dann klicken Sie in den Einstellungen auf *Anrufe* und aktivieren die Option *Meine Anrufe weiterleiten*. Eingehende Anrufe werden damit zu Voicemail, ähnlich einem Anrufbeantworter weitergeleitet und über die Schaltfläche *Voicemail konfigurieren* legen Sie die Nachrichten und Regeln fest.

Um eingegangene Anrufe via Voicemail anzuhören, klicken Sie in der Microsoft Teams-Leiste auf *Anrufe* und hier auf *Voicemail*.

Unter *Anrufe* können Sie außerdem den Klingelton von eingehenden Anrufen ändern.

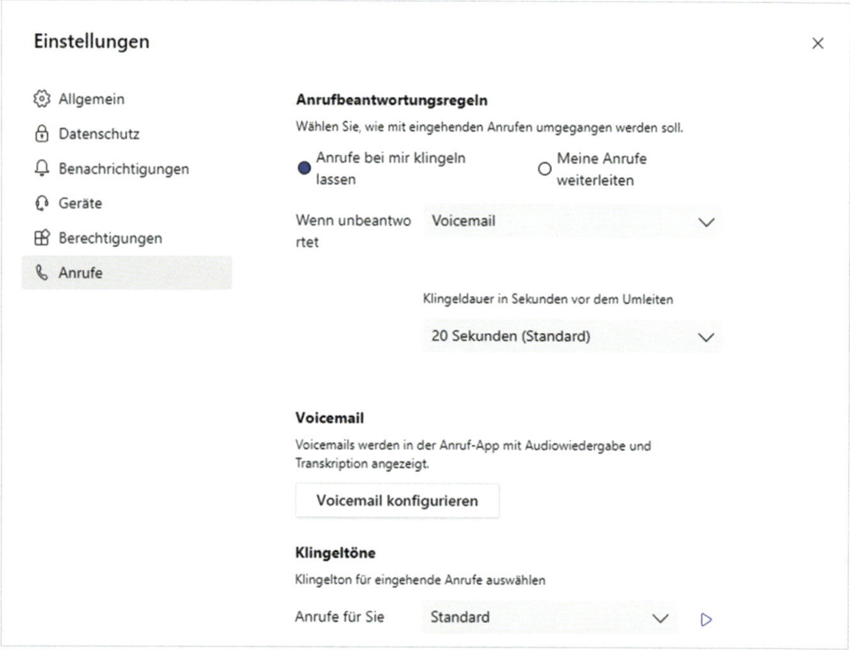

Einstellungen speichern
Änderungen in den Einstellungen werden automatisch übernommen und brauchen nicht extra gespeichert werden. Sie können also einfach das Fenster wieder schließen. Nachteil: Um Änderungen wieder zurückzunehmen, müssen Sie die vorherigen Einstellungen wiederherstellen.

3 Kanäle hinzufügen

Wie Sie wissen, verfügt jedes Team über den Kanal *Allgemein*, doch nicht immer ist es sinnvoll, alle Unterhaltungen eines Teams in diesem Kanal zu führen. Zu besseren Übersichtlichkeit sollten Kanäle erstellt werden, die sich mit speziellen Themen beschäftigen. Kanäle sind ein wichtiges Instrument, um die Übersichtlichkeit in Microsoft Teams zu erhalten. Falls Sie schon über die notwendigen Kanäle verfügen, gehen Sie gleich weiter zum nächsten Kapitel.

Noch kein Team?
Dieses Buch richtet sich primär an Einsteiger. Wir gehen davon aus, dass die einzelnen Teams bereits angelegt wurden. Falls Sie Teams erstellen möchten, lesen Sie dazu mehr auf Seite 50.

3.1 Neuen Kanal erstellen

Standardmäßig haben Sie als Mitglied eines Teams das Recht einen Kanal anzulegen.

- Markieren Sie das Team, zu dem Sie einen neuen Kanal hinzufügen möchten.
- Klicken Sie rechts auf *Kanäle erstellen* ❶. Alternativ klicken Sie auf *Weitere Optionen* ••• ❷ und wählen *Kanal hinzufügen*.

- Geben Sie dann einen Kanalnamen ❸ und darunter eine Beschreibung ein.

Auswahl aller Teammitglieder

- Bei *Datenschutz* ❹ entscheiden Sie, ob alle Teammitglieder auch automatisch Mitglieder des Kanals sind oder Sie treffen eine Auswahl. Belassen Sie bei *Datenschutz* die Option *Standard - für alle Teammitglieder zugänglich*, wenn alle im Team die Inhalte dieses Kanals sehen sollen.
- Sie können *Diesen Kanal automatisch in der Kanalliste aller Benutzer anzeigen* ❺ aktivieren. Dann wird beim hinzugefügten Mitglied der Kanal einfach angezeigt ❻; wenn Sie das nicht aktivieren, wird der Kanal zunächst in fetter Schrift hervorgehoben ❼. Das Teammitglied erhält immer einen Hinweis im Bereich *Aktivität*, damit er den neuen Kanal nicht übersieht.

- Klicken Sie dann auf *Hinzufügen*.

Auswahl bestimmter Teammitglieder

Für den Kanal können nur Kollegen gewählt werden, die bereits im Team sind. Klicken Sie auf *Känale erstellen* und geben Sie einen Kanalnamen ein.

- Wählen Sie bei *Datenschutz* die Option *Privat - nur für eine bestimmte Personengruppe im Team zugänglich*. Klicken Sie dann auf *Weiter*.

- Tippen Sie die Anfangsbuchstaben der Kanalmitglieder ein ❶ und wählen Sie die gewünschten durch Anklicken ❷ aus. Zum Schluss klicken Sie auf *Hinzufügen*.
- Die ausgewählten Mitglieder werden nochmals aufgelistet. Hier könnten Sie die Rolle der Mitglieder verändern ❸ oder nochmals ein Mitglied löschen ❹. Wählen Sie dann *Fertig* aus.

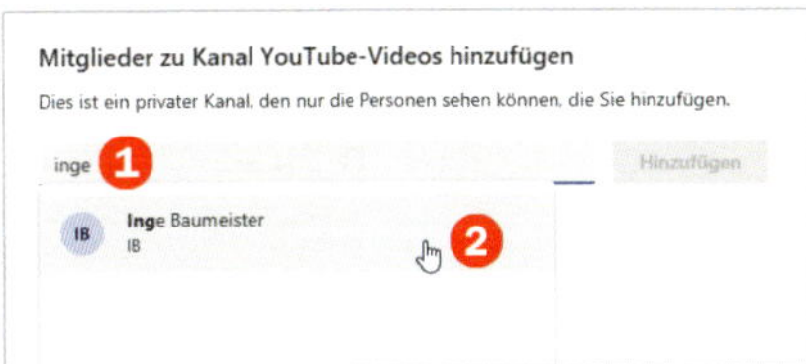

Auch für ein organisationsweites Team können Kanäle mit eingeschränktem Mitgliederkreis erstellt werden.

Wer gehört zum privaten Kanal?
Wenn ein Kanal nicht allen Teammitgliedern offen steht, wird dieser mit Schloss-Symbol ❺ angezeigt. Um zu sehen, welcher Personenkreis Teil des Kanals ist, markieren Sie diesen und klicken rechts auf *Personenbereich öffnen* ❻. Sie erhalten dann eine Liste der Teammitglieder, die Zugang zu diesem Kanal haben. Durch nochmaliges Anklicken blenden Sie den Bereich wieder aus.

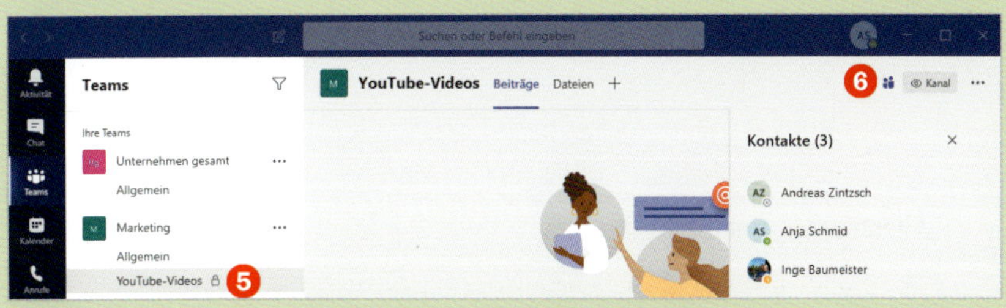

Aber Achtung: Wer nicht Mitglied des privaten Kanals ist, sieht diesen nicht. Für diese Teammitglieder sieht das Team so aus:

3.2 Kanalverwaltung

Nachträglich Personen in einen Kanal aufnehmen

In einem Kanal sind in der Regel alle Teammitglieder. Soll also ein neuer Kollege mit im Kanal arbeiten, dann muss er zuerst dem Team hinzugefügt werden (siehe Seite 55). Zu einem privaten Kanal können weitere Personen dazukommen, aber auch nur, wenn Sie bereits im Team sind. In diesem Fall klicken Sie auf *Weitere Optionen* ••• und wählen *Mitglied hinzufügen* aus.

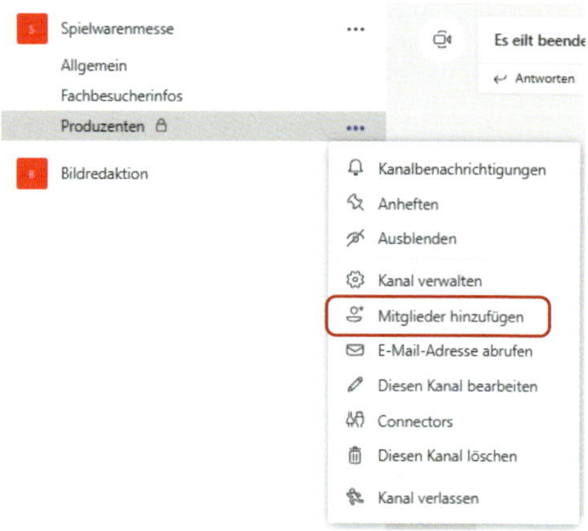

Kanal anheften

Vielleicht möchten Sie einen Kanal, in dem gerade viel passiert, anheften. Auch diesen Befehl finden Sie in *Weitere Optionen* •••. Dadurch wird der Kanal ganz oben angezeigt und ist so leicht zu finden.

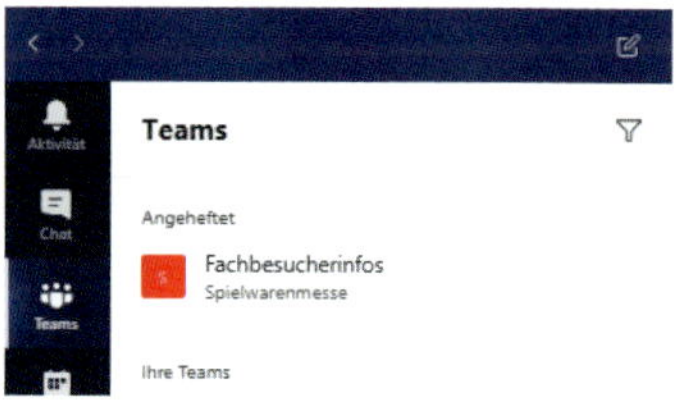

4 Chat

Chats, also Textnachrichten sind wichtiger Bestandteil Ihrer Aktivitäten, sowohl im Team als auch zur Kommunikation mit einzelnen Personen.

4.1 Private Unterhaltung (Person oder Gruppe)

- Klicken Sie in der Titelleiste von Microsoft Teams auf das Symbol *Neuer Chat*.
- Sie befinden sich nun automatisch im Chat ❶, geben Sie oben den Namen der Person ein ❷, auch mehrere Personen oder die Angabe einer Gruppe sind möglich. Geben Sie dann hier den Nachrichtentext ein ❸ und klicken Sie zum Senden entweder auf das Symbol *Senden* ❹ oder betätigen Sie die Eingabetaste.

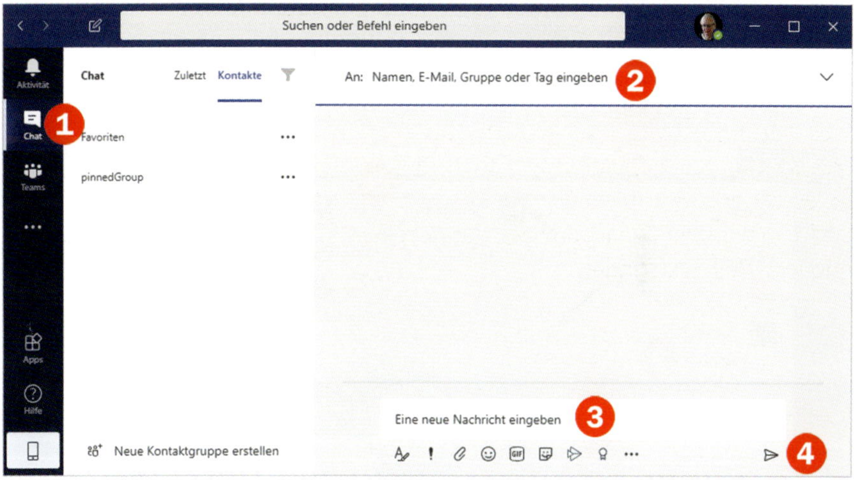

Existiert bereits eine Unterhaltung mit dem Kontakt oder der Gruppe, so erscheinen die dazugehörigen Nachrichten unterhalb. Andernfalls starten Sie eine neue Unterhaltung.

Tipp: Damit Sie im Chat den Überblick behalten und nur die jeweils letzte Nachricht sehen, wählen Sie links das Register *Zuletzt* aus.

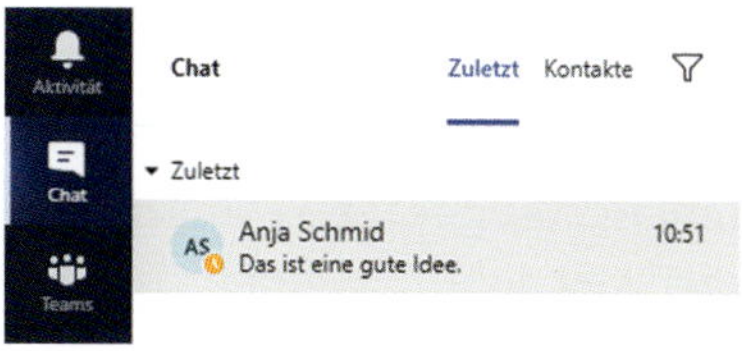

4.2 Unterhaltung im Team oder Kanal

Teamweite Unterhaltungen sind innerhalb des gesamten Teams (Kanal *Allgemein*) oder in einem bestimmten Kanal möglich. Die Nachrichten sind für jedes Mitglied bzw. jeden Benutzer mit Zugriff auf den Kanal im Register *Beiträge* sichtbar.

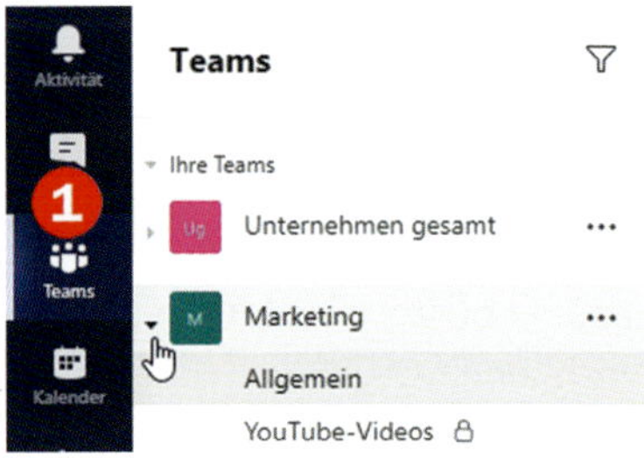

- Wechseln in den Bereich *Teams* ❶, hier sollten Ihre Teams und Kanäle aufgelistet sein. Die zum Team gehörenden Kanäle können mit Klick auf das kleine Dreieck ein- und ausgeblendet werden.
- Klicken Sie auf den Kanal, im dem Sie Ihre Nachricht schreiben möchten, hier Team *Marketing*, Kanal *Allgemein* ❷ und achten Sie darauf, dass das Register *Beiträge* ❸ ausgewählt ist. Geben Sie Ihre Nachricht ein ❹ und klicken Sie auf *Senden* ❺.
- Welcher Personenkreis die Nachricht sehen kann, sehen Sie nach einem Klick auf den Kanal an diesem Symbol ❻.

Hinweis: Statt *Team* könnte hier auch stehen *Kanal* oder *Organisation*. In manchen Fällen ist auch ein organisationsweites Team verfügbar, d. h. dieses Team umfasst die gesamte Firma und entsprechend kann eine Unterhaltung auch firmenweit geführt werden.

4.3 Nachrichtenoptionen

Betreff und Textformatierungen hinzufügen

Wenn Sie eine Nachricht mit Betreffzeile und Formatierungen versehen möchten, dann klicken Sie unterhalb der Nachrichtenzeile auf das Symbol *Formatieren* ❶. Das Eingabefeld erweitert sich und Sie können nun einen *Betreff hinzufügen* ❷ und mit den Symbolen oberhalb ❸, z. B. Text fett oder unterstrichen hervorheben, weitere Formate erhalten Sie über die drei Punkte. Außerdem können Sie den Kreis der Antwortberechtigten einschränken oder in mehreren Kanälen posten ❹. Mit diesem Symbol ❺ löschen Sie ggf. den noch nicht gesendeten Entwurf.

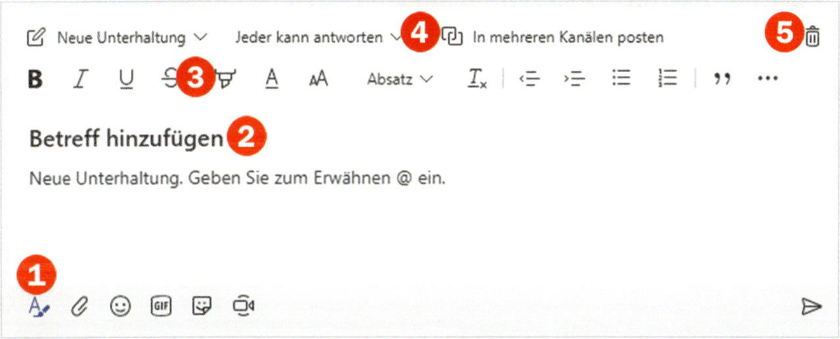

Nachricht mit Anhängen, Bildern, Symbolen versehen
Unterhalb der Nachricht finden Sie Symbole für weitere Nachrichtenoptionen.

- **Anfügen**: Fügen Sie eine Datei vom Computer oder OneDrive an.
- **Emoji, GIF**, **Aufkleber** und **Praise** erlauben das Hinzufügen von Symbolen, Bildern und Symbolen, GIF bietet sogar animierte Bilder an.
- Mit den **Zustellungsoptionen** können Sie die Nachricht als *Wichtig* oder *Dringend* kennzeichnen.

Zeilenumbruch

Wenn die Formatierungsoptionen geöffnet sind, siehe oben, können Sie problemlos mit der Eingabetaste eine neue Zeile beginnen. Andernfalls müssen Sie einen Zeilenumbruch mit **Umschalt**+**Eingabetaste** erzeugen, da sonst die Nachricht gesendet wird.

Lesebestätigungen

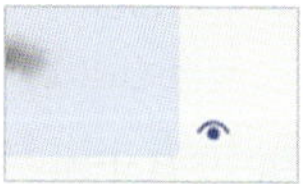

Lesebestätigungen sind standardmäßig aktiviert und Sie erkennen im Chat bzw. im Kanal am Auge neben der Nachricht, ob diese vom Empfänger gesehen wurde. Eine Nachricht wird als gesehen eingestuft, wenn Sie in das Chatfenster klicken, nicht aber wenn die Nachricht als Banner oder unter Aktivitäten erscheint. Wurde die Nachricht nur gesendet, so erscheint stattdessen ein Häkchen.

Lesebestätigungen können bei Bedarf in den Einstellungen (siehe Seite 19 ff.) unter *Datenschutz* deaktiviert und aktiviert werden.

4.4 So behalten Sie den Überblick

Nachricht suchen

Nachrichten einer Person

Geben Sie den Namen der Person in das Suchfeld in der Titelleiste ein. Neben der gesuchten Person erscheinen auch alle Gruppenchats, in denen die Person Mitglied ist und mit einem Klick auf die Person oder Gruppe wechseln Sie in den dazugehörigen Chat.

Suche nach einem Schlüsselwort

Um eine Nachricht anhand eines enthaltenen Schlüsselworts zu suchen, geben Sie dieses in das Suchfeld ein und betätigen anschließend die Eingabetaste. Die Suchergebnisse erscheinen in der linken Spalte und ein Klick auf eine Nachricht zeigt diese im dazugehörigen Kanal oder Chat an.

Nachrichten nach Personen, Kanälen oder Typ filtern

- Klicken Sie auf *Aktivitäten* ❶, achten Sie darauf, dass *Feed* ❷ ausgewählt ist und klicken Sie auf das Symbol *Filtern* ❸.
- Geben Sie dann entweder Text, z. B. einen Namen oder Kanal als Filter ein ❹ oder klicken Sie auf die drei Punkte, um nach Nachrichtentypen zu filtern ❺, z. B. *Erwähnungen* oder *Antworten*.

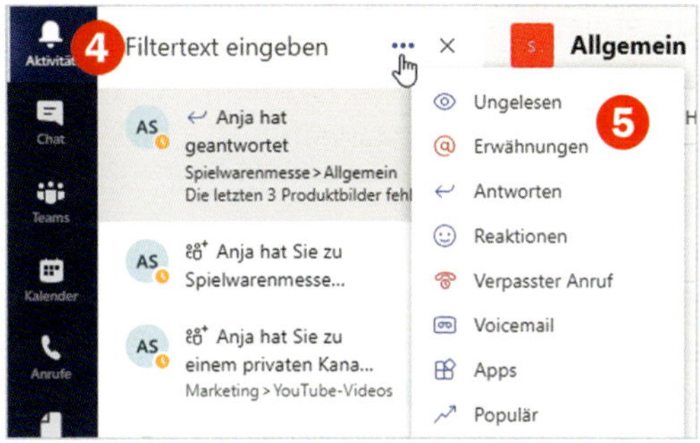

Nachricht speichern oder löschen

Wichtige Nachrichten können Sie bei Bedarf speichern: Zeigen Sie dazu auf die Nachricht, klicken Sie auf die drei Punkte ❶ (*Weitere Optionen*) und auf *Diese Nachricht speichern* ❷. Zum Anzeigen gespeicherter Nachrichten klicken Sie rechts oben auf Ihr Profilbild und auf *Gespeichert* ❸.

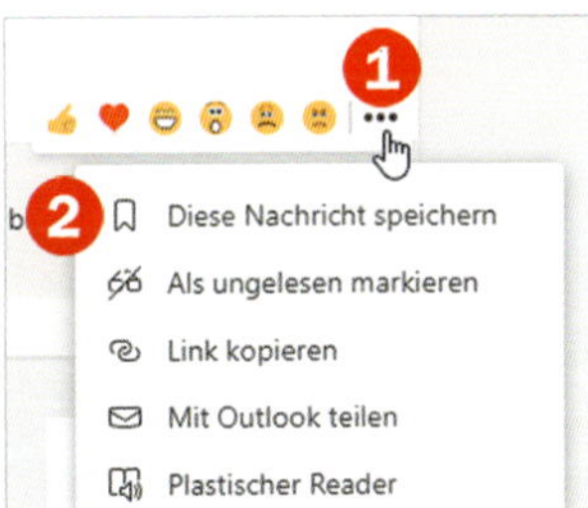

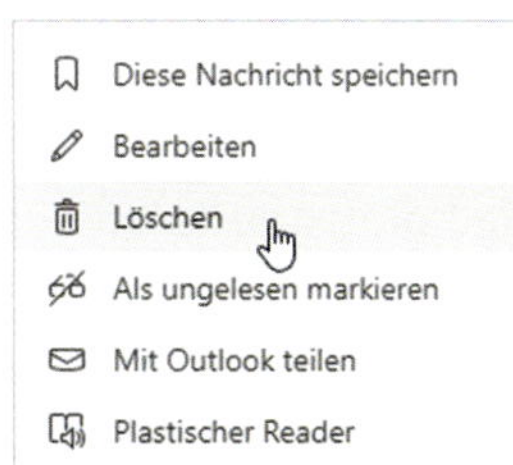

Nachricht löschen

Zum Löschen einer von Ihnen gesendeten Nachricht klicken Sie auf die drei Punkte der betreffenden Nachricht und auf *Löschen*.

Eine noch nicht gesendete Nachricht können Sie auch in den Formatoptionen mit Klick auf das Symbol *Löschen* entfernen.

Chats verwalten

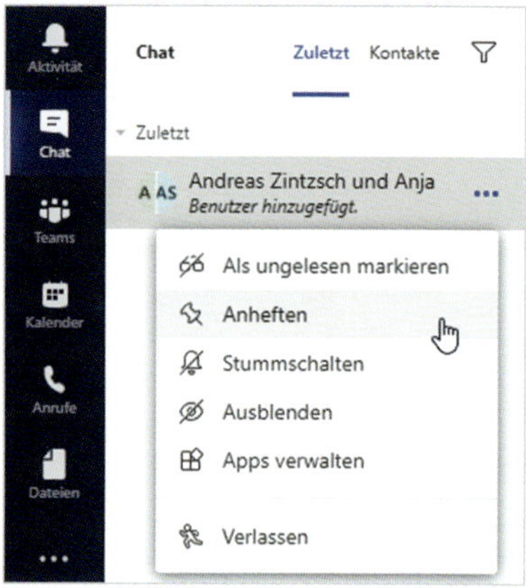

Im Chat können Sie bei einer Vielzahl von Chats für einen besseren Überblick häufige Chats ganz oben in der Liste anheften sowie nicht benötigte ausblenden oder stummschalten.

Wechseln Sie dazu in der Teams-Leiste zu *Chat* und achten Sie darauf, dass links das Register *Zuletzt* ausgewählt ist. Klicken Sie auf die drei Punkte des betreffenden Chats und auf *Anheften*, *Stummschalten* oder *Ausblenden*.

- **Anheften**: Der Chat erscheint ganz oben in der Chatliste und kann auf demselben Weg und *Lösen* wieder daraus entfernt werden.
- **Stummschalten**: Sie sind immer noch Teilnehmer, erhalten aber keine Benachrichtigung mehr. Auf demselben Weg deaktivieren Sie diese Einstellung wieder.
- **Ausblenden**: Ein Chat kann nicht gelöscht, sondern nur in der Chatliste ausgeblendet werden. Damit ist der Chat in Ihrer Chatliste solange nicht sichtbar, bis hier jemand eine neue Nachricht sendet. Alternativ können Sie nach einem ausgeblendeten Chat über das Suchfeld suchen.

Neue ungelesene Nachrichten

Im Chat

Haben Sie während Ihrer Abwesenheit eine Nachricht im Chat oder in einem Kanal erhalten, dann erscheint in der Teams-Leiste auf dem Symbol *Chat* in roter Schriftfarbe die Anzahl der Nachrichten.

Nachrichten im Kanal

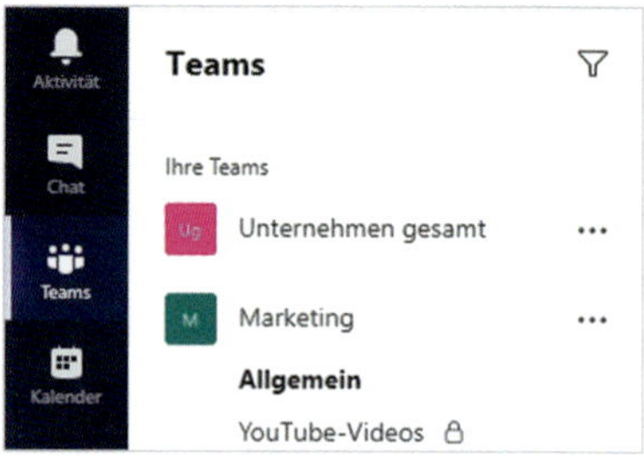

Ein Kanal mit neuen Aktivitäten wird außerdem fett hervorgehoben, als Beispiel im Bild der Kanal *Marketing - Allgemein*.

4.5 Allgemeine Kommunikationsempfehlungen

Trennen Sie Wichtiges von weniger Wichtigem

Die Kanäle sollten Themen vorbehalten bleiben, die das gesamte Team oder die Arbeitsgruppe betreffen. Diskussionen und Unterhaltungen mit einzelnen Kollegen dagegen, die nicht für das gesamte Team relevant sind, können Sie auch in den Chat verlegen.

Achten Sie in den Kanälen auf Übersichtlichkeit

Bei einer Vielzahl von Nachrichten ist es nicht immer leicht, in einem Kanal den Überblick zu behalten. Um die einzelnen Themen voneinander getrennt zu halten, sollten Sie sich daher an folgende einfache Grundregeln halten:

- Verwenden Sie innerhalb eines Kanals das Eingabefeld *Neue Unterhaltung* ❶ nur, um ein neues Thema zu beginnen. Noch besser ist es, wenn Sie eine neue Unterhaltung mit einem kurzen Betreff hervorheben, siehe Seite 29.
- Wenn Sie dagegen zu einem bestehenden Thema ein weiteren Beitrag beisteuern möchten, dann nutzen Sie dazu das Feld *Antworten* unterhalb der Nachricht ❷.

Antworten werden im Gegensatz zu normalen Nachrichten stets mit der ursprünglichen Nachricht zusammengehalten, der Verlauf ist so schnell nachvollziehbar.

Hinweis: Im Chat steht *Antworten* nicht zur Verfügung, und damit auch keine Möglichkeit, Unterhaltungen nach Themen zusammenzufassen.

5 Dateien teilen und bearbeiten

5.1 Datei an eine Nachricht anfügen

Der einfachste Weg, jemandem eine Datei zu senden, ist das Anheften an eine Nachricht und dürfte allgemein bekannt sein. Klicken Sie dazu beim Verfassen der Nachricht auf *Anfügen* und wählen Sie die Datei aus. Allerdings versenden Sie so eine Kopie Ihrer Datei, gemeinsames Bearbeiten ist nicht möglich.

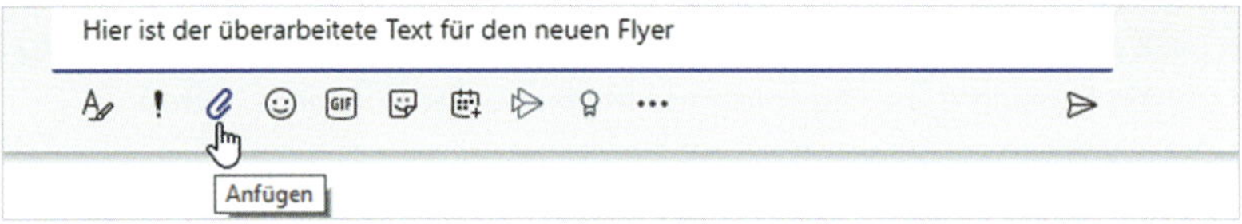

5.2 Dateien hochladen und freigeben

Sowohl im privaten Chat als auch in Kanälen steht neben *Beiträge* auch die Registerkarte *Dateien* zum Austausch von Dateien zur Verfügung.

Im Einzel- und Gruppenchat

- Wechseln Sie zum Chat ❶ und klicken Sie auf die Registerkarte *Dateien* ❷. Klicken Sie auf *Teilen* ❸ und wählen Sie zwischen *OneDrive* und *Vom Computer hochladen*. Je nach Dateiumfang und Speicherort kann es anschließend einige Sekunden dauern, bis die Datei in der Liste erscheint.

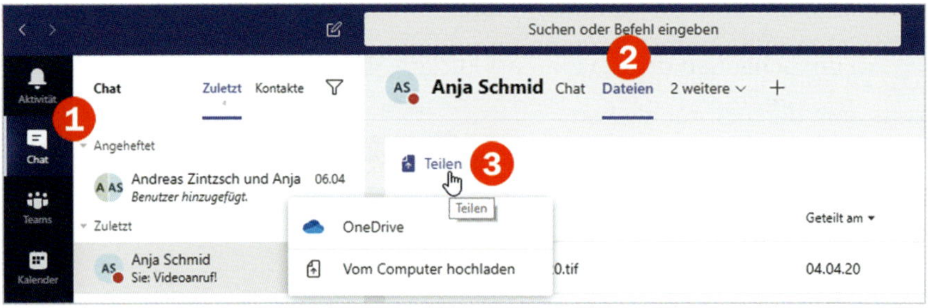

Die Dateien können entweder in Teams oder online bzw. im Browser geöffnet werden. Word-Dokumente, Excel-Arbeitsmappen und PowerPoint-Präsenta-

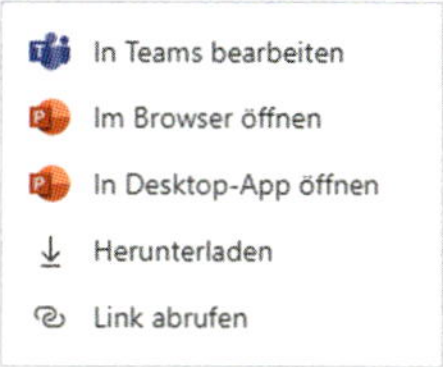

tionen können außerdem noch mit der Desktop-App geöffnet und bearbeitet werden. Ein Klick auf den Dateinamen oder auf *Öffnen* öffnet die Datei in Microsoft-Teams, weitere Möglichkeiten. z. B. Herunterladen erhalten Sie über die drei Punkte.

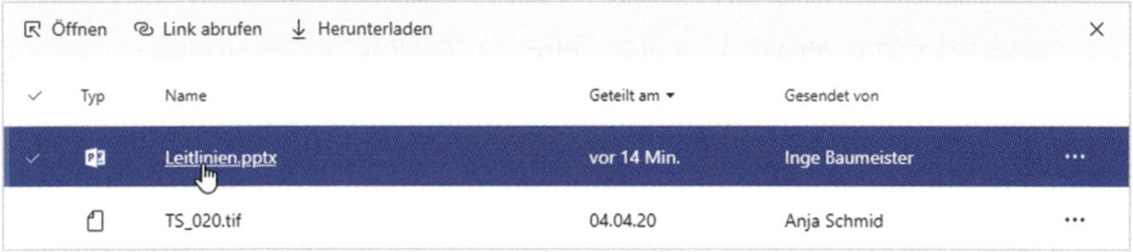

Dateien im Kanal freigeben und bearbeiten

Im Kanal steht ebenfalls die Registerkarte *Dateien* ❶ zum Dateiaustausch zur Verfügung. Zur Freigabe klicken Sie entweder auf *Hochladen* ❷ oder ziehen Sie die Datei mit der Maus in diesen Bereich ❸.

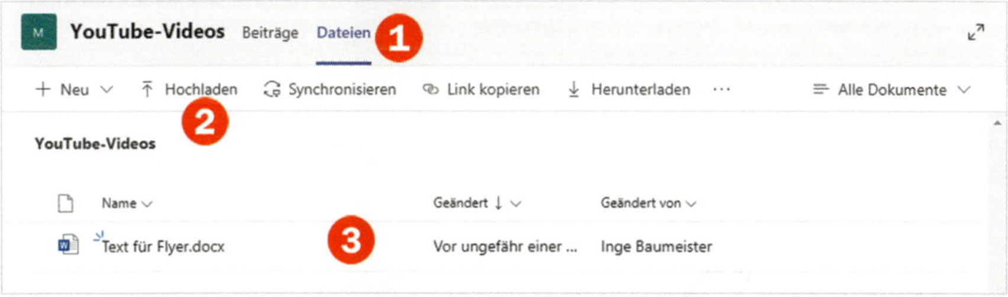

- Ein Klick auf den Dateinamen öffnet die Datei in Microsoft-Teams, hier haben Sie dann bei Office-Dokumenten über die drei Punkte ❹ auch die Möglichkeit, diese mit der Desktop-App zu öffnen, siehe Bild unten.
- Zum Schließen des Dokuments klicken Sie auf die Schaltfläche *Schließen* ❺, Ihre Änderungen werden automatisch gespeichert.

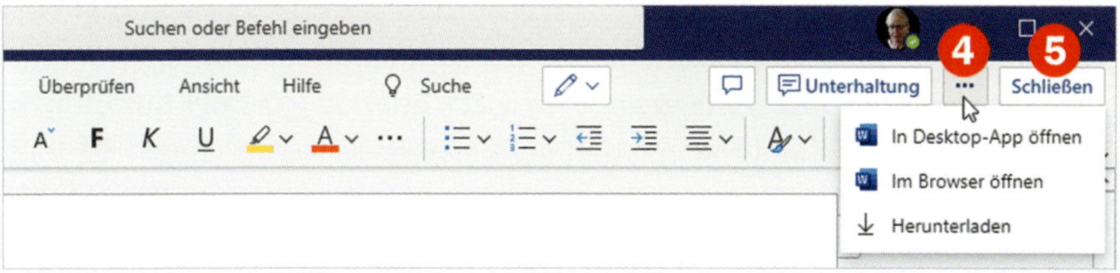

Wo werden geteilte Dateien gespeichert?

- Dateien, die Sie im Einzel- oder Gruppenchat geteilt haben, werden in Ihrem Ordner auf OneDrive for Business gespeichert und sind ausschließlich Teilnehmern dieser Unterhaltung zugänglich.
- Dateien, die in Kanälen freigegeben und bearbeitet werden, sind dagegen im SharePoint-Ordner Ihres Teams gespeichert.

5.3 Die Dateiübersicht

Eine Übersicht über alle geteilten Dateien erhalten Sie, wenn Sie in der Teams-Leiste auf *Dateien* ❶ klicken. Sollte dieser Bereich hier nicht sichtbar sein, so klicken Sie auf die drei Punkte.

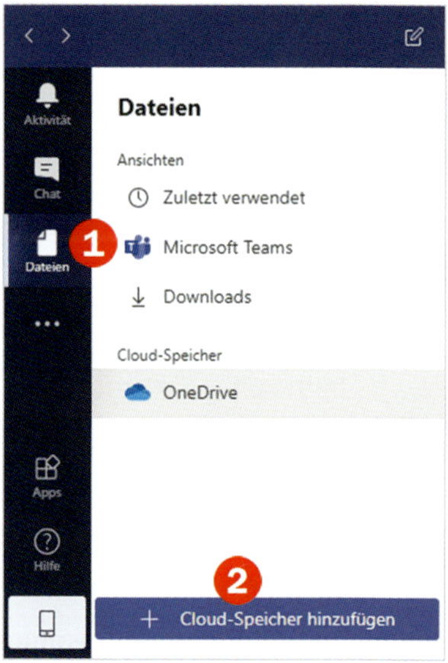

Der Bereich *Dateien* verfügt über folgende Ansichten:

- **Zuletzt verwendet** zeigt alle Dateien an, die Sie zuletzt geöffnet oder bearbeitet haben.
- In der Ansicht **Microsoft Teams** sehen Sie alle Dateien, die in Ihren Kanälen erstellt oder bearbeitet wurden.
- Mit **Downloads** erhalten Sie eine Liste der Dateien, die Sie heruntergeladen haben.
- **OneDrive** enthält alle Dateien in Ihrem Ordner auf OneDrive for Business.

Weitere Cloudspeicher hinzufügen

Sie sind In Microsoft-Teams nicht auf die oben genannten Cloud-Speicher beschränkt, sondern können weitere, z. B. *DropBox* oder *Google Drive* hinzufügen. Klicken Sie dazu links auf *Dateien* und auf *Cloud-Speicher hinzufügen* ❷ (Bild oben). Wählen Sie den gewünschten Speicher aus und melden Sie sich hier an.

6 Bildschirm freigeben

Aus dem Chat heraus oder in Verbindung mit einem Anruf bzw. Videoanruf können Sie Ihren Bildschirm für andere Personen freigeben. Eine nützliche Funktion, wenn Sie z. B. anwendungsspezifische Fragen haben oder eine Präsentation vorführen möchten.

6.1 Freigabe erteilen

Bildschirm im Chat freigeben

Klicken Sie im Chat rechts oben auf das Symbol *Bildschirmfreigabe*.

Anschließend wählen Sie den Bereich aus, der Sie freigeben möchten: Um eine bestimmte App freizugeben, wählen Sie deren Fenster aus, mit der Auswahl *Desktop* können Sie dagegen den gesamten Bildschirm freigeben.

Die anderen Teilnehmer des Chats erhalten eine Benachrichtigung und werden aufgefordert, die Bildschirmfreigabe anzunehmen. Anschließend können alle Teilnehmer Ihren Bildschirm sehen.

Freigabe während eines Anrufs

Um den Bildschirm während eines Anrufs freizugeben, klicken Sie in der Videosteuerungsleiste auf *Teilen*. Anschließend erscheint der freigegebene Bildschirm oder Fensterinhalt bei Ihnen und Ihrem Gesprächspartner in Teams und die Videofenster werden in die untere rechte Ecke gerückt.

Freigabe beenden

Die Bildschirmfreigabe während eines Videoanrufs endet automatisch mit Beenden des Anrufs. Um die Freigabe schon vorher zu beenden, klicken Sie in der kleinen Leiste auf *Freigabe aufheben*.

6.2 In einem freigegebenen Bildschirm arbeiten

Wenn Ihr Gesprächspartner den Bildschirm für Sie freigegeben hat, können Sie in diesem Bildschirm oder in der App auch arbeiten. Dazu klicken Sie in der Videosteuerungsleiste auf *Steuerung anfordern*.

Beim Besitzer des Bildschirms erscheint am oberen Rand des Bildschirms eine Leiste mit der Anforderung: Erst mit Klick auf *Zulassen* ist ein gemeinsames Arbeiten im freigegebenen Bildschirm möglich.

Als Beispiel im Bild unten das gemeinsame Arbeiten in einer Excel-Arbeitsmappe. Die Teilnehmer lassen sich anhand des Mauszeigers leicht unterscheiden.

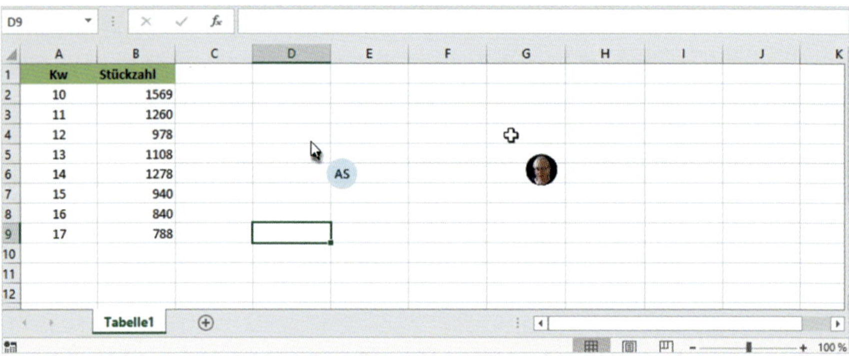

Steuerung beenden

Klicken Sie auf *Steuerung beenden*.

7 Videobesprechungen

7.1 Videoanruf starten

Auch Videobesprechungen können Sie in Chats oder in Kanälen starten.

- **Chat**: Im Chat klicken Sie oben rechts auf das Symbol *Videoanruf*.

- **Kanal**: Besprechungen mit dem gesamten Team oder den Mitgliedern eines Kanals starten Sie in einem Kanal. Klicken Sie dazu auf das Kamerasymbol (*Jetzt besprechen*) der Nachrichtenzeile.

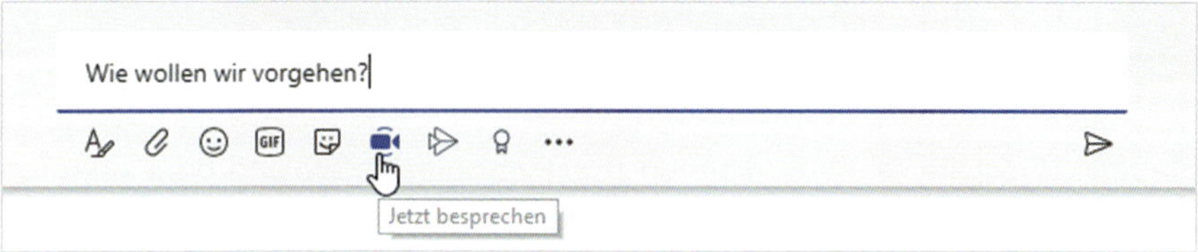

Falls Sie möchten, können Sie anschließend einen Betreff eingeben, dieser erscheint später links oben im Bild sowie im Kanal. Aktivieren Sie Kamera und Mikrofon und klicken Sie auf *Jetzt besprechen*, um die Besprechung zu starten.

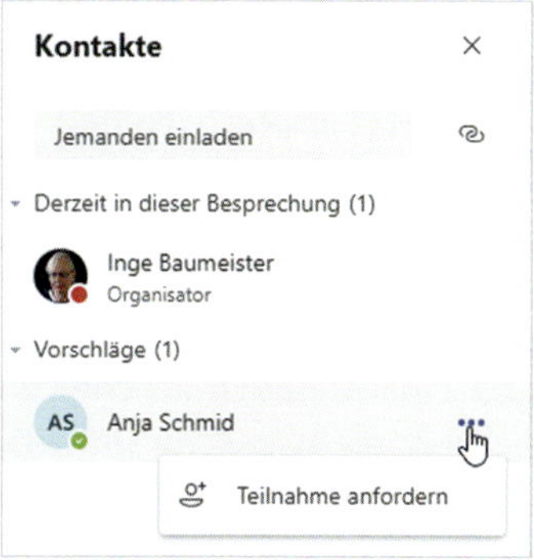

Anschließend müssen Sie die weiteren Teilnehmer einladen: Klicken Sie rechts in der Liste *Kontakte* bei der betreffenden Person auf die Punkte und auf *Teilnahme anfordern*.

Hinweis: Besprechungen in einem Kanal erscheinen zusammen mit den Nachrichten im Register *Beiträge* und sind am Symbol zu erkennen.

7.2 Gesprächsoptionen

Während des Videoanrufs steht Ihnen eine Leiste ❶ mit wichtigen Funktionen zur Verfügung. Sollte die Leiste nicht sichtbar sein, so bewegen Sie einfach den Mauszeiger über die Videobesprechung.

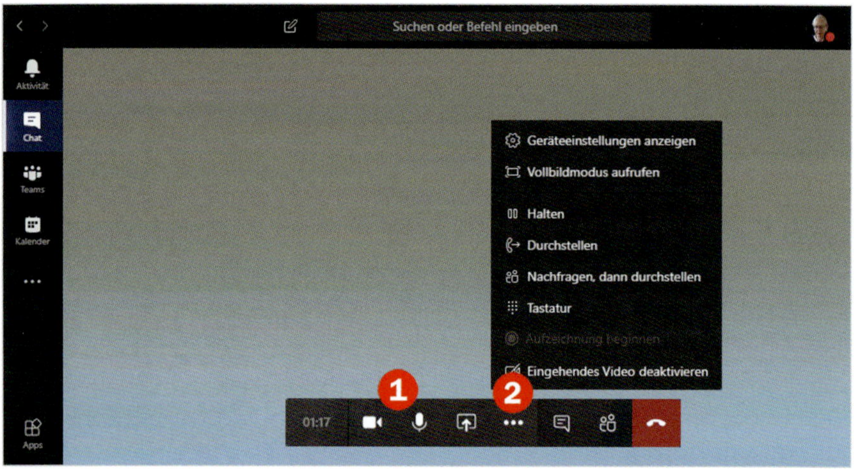

Sie sehen links die Zeitdauer, können über Symbole Kamera und/oder Mikrofon vorübergehend deaktivieren und wieder aktivieren und mit dem Symbol *Teilen* Ihren Bildschirm bzw. das ausgewählte Fenster den Teilnehmern der Videokonferenz freigeben (siehe Seite 37).

Ferner können Sie zusätzlich am linken Bildschirmrand den Chat oder eine Liste aller Gesprächsteilnehmer einblenden. Mit dem Symbol *Anruf verlassen* beenden Sie die Videobesprechung.

Weitere Optionen erhalten Sie mit Klick auf die drei Punkte ❷. Sie können hier beispielsweise den Anruf halten oder eingehende Anrufe durchstellen.

Tipp: Eine weitere nützliche Funktion, insbesondere im Homeoffice ist die Möglichkeit, die häusliche Umgebung mit *Meinen Hintergrund weichzeichnen* verblassen zu lassen. **Achtung**: Diese Funktion ist nur sichtbar, wenn sie von Ihrem Gerät unterstützt wird.

7.3 Eingehende Videoanrufe

Anruf annehmen

Eingehende Videoanrufe erscheinen in der rechten unteren Ecke Ihres Bildschirms als Banner, auch wenn Sie gerade in einer anderen Anwendung arbeiten und sich Microsoft Teams im Hintergrund befindet

- Klicken Sie auf das Symbol *Kamera*, um den Anruf als Videoanruf anzunehmen. Mit Klick auf den *Hörer* nehmen Sie dagegen nur den Audioanruf an. In diesem Fall können Sie auch während des Anrufs noch die Kamera aktivieren.
- Mit Klick auf das Symbol *Auflegen* lehnen Sie den Anruf ab.

Anruf verpasst?

Haben Sie einen Anruf verpasst, so erkennen Sie dies in der Teams-Leiste an der Zahl auf *Aktivität* und am roten Punkt auf *Anrufe*. Auch in der Taskleiste am unteren Bildschirmrand ist das Microsoft Teams-Symbol mit der Zahl der entgangenen Anrufe hervorgehoben .

- Um den Namen des Anrufers und den Zeitpunkt des Anrufs herauszufinden, klicken Sie auf *Anrufe* und hier auf *Verlauf*. Rechts erhalten Sie nun eine Liste aller ausgehenden und eingehenden Anrufe sowie alle verpassten Anrufe.
- Alternativ erhalten Sie die Verlaufsliste und damit den verpassten Anruf auch mit Klick auf *Aktivität* in Ihren *Feed*.

> Der rote Punkt verschwindet, sobald Sie auf *Anrufe* oder Ihren Aktivitätsfeed geklickt haben.

Zurückrufen

Für einen schnellen Rückruf gehen Sie am einfachsten so vor:

- Klicken Sie auf *Anrufe* und hier auf *Verlauf* ❶ (Bild unten). Markieren Sie den Anruf ❷ und klicken auf die Schaltfläche *Anrufen* ❸.

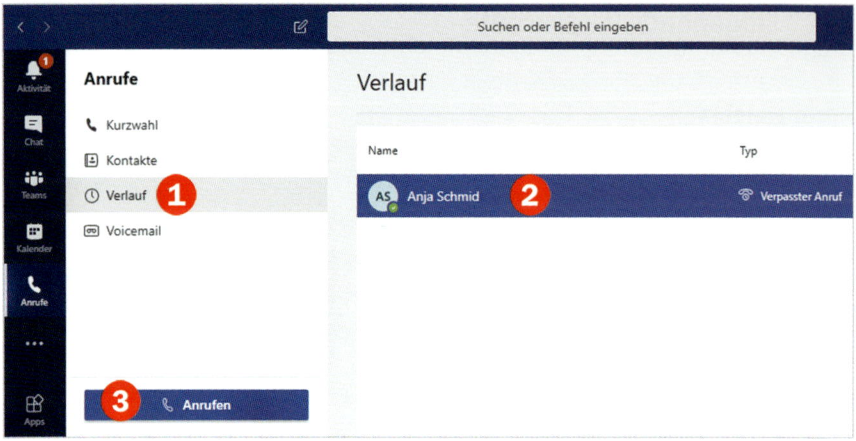

7.4 Anrufe - Ihre schnelle Übersicht

Der Bereich *Anrufe* leistet gute Dienste, wenn Sie schnell eine Person oder Gruppe anrufen oder per Chat kontaktieren möchten. Klicken Sie dazu in der Microsoft Teams-Leiste auf *Anrufe*.

Kurzwahl

Häufig benötigte Kontakte können Sie in die Gruppe *Kurzwahl* ❶ aufnehmen. Klicken Sie dazu auf die Schaltfläche *Kurzwahl hinzufügen* ❷.

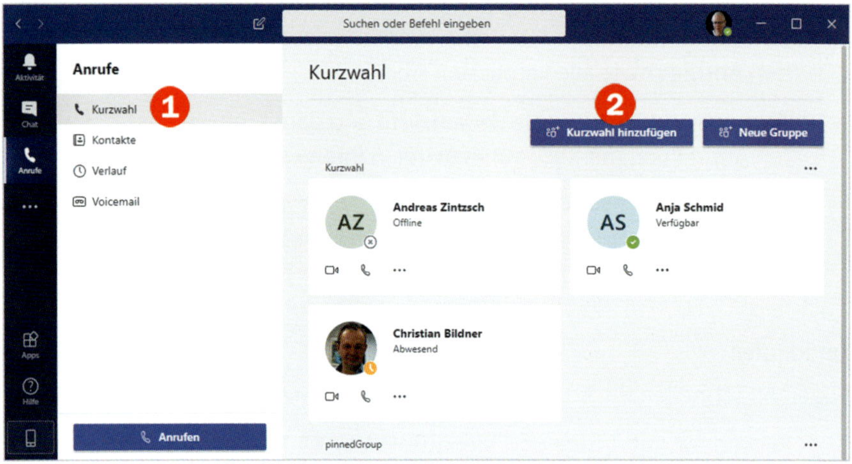

Bei einer Vielzahl von Kontakten können Sie auch über die Schaltfläche *Neue Gruppe* zunächst weitere Gruppen anlegen und diesen die jeweiligen Kontakte hinzufügen.

Anrufen

Um einen Anruf zu starten, klicken Sie beim Kontakt auf das Symbol *Videoanruf* oder auf *Kontakt anrufen*. Über die drei Punkte erhalten Sie außerdem die Möglichkeit *Chat*.

Alternativ markieren Sie den Kontakt und klicken links unten auf die Schaltfläche *Anrufen*.

Kontakt aus Kurzwahl oder Gruppe entfernen

Klicken Sie beim Kontakt auf die drei Punkte und auf *Aus dieser Gruppe entfernen* bzw. auf *Aus Kurzwahl entfernen*.

Kontaktliste

Falls Sie Ihre Kontakte lieber als übersichtliche Liste in alphabetischer Reihenfolge bevorzugen, so klicken Sie links auf *Kontakte*. Hier finden Sie bei jedem Kontakt neben *Videoanruf* und *Anruf* zusätzlich auch noch die Symbole *Chat* und *E-Mail*, außerdem die Telefonnummer, sofern vorhanden.

Über die Schaltfläche *Kontakt hinzufügen* fügen Sie weitere Kontakte hinzu und über das Suchfeld finden Sie schnell einen bestimmten Kontakt. Es spielt keine Rolle, ob Sie den Vor- oder Nachnamen als Suchbegriff eingeben.

Status

Werfen Sie vor dem Anruf noch einen Blick auf den Status des Gesprächsteilnehmers. So finden Sie schnell heraus, ob dieser verfügbar ist. *Bin gleich zurück* und *Als abwesend anzeigen* teilen sich leider dasselbe Symbol. Wenn Sie mit der Maus auf das Symbol zeigen, erhalten Sie den Status in Textform.

Verfügbar   Beschäftigt   Nicht stören   Gleich zurück   Abwesend

Verlauf

Im *Verlauf* sehen Sie eine Liste Ihrer ein- und ausgehenden Anrufe einschließlich verpasster Anrufe.

Voicemail, Ihr Anrufbeantworter

Hier finden Sie Anrufe, die per Voicemail eingegangen sind, etwa weil Sie beispielsweise unbeantwortete Anrufe an Voicemail weitergeleitet haben, und können diese abhören.

Hinweis: Voicemail konfigurieren Sie in den *Einstellungen* unter *Anrufe*, hier richten Sie auch die Weiterleitung ein.

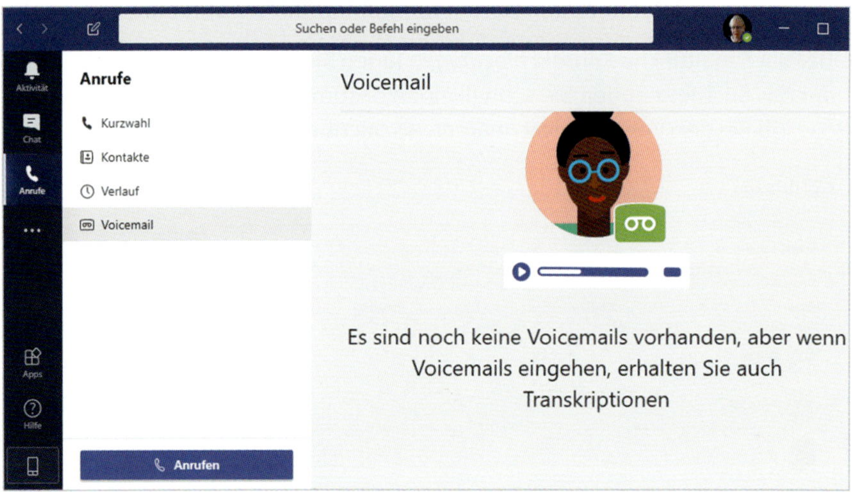

8 Besprechungen organisieren

Wir geben hier nur einen kurzen Einblick in das weite Feld der Besprechungsorganisation. Selbstverständlich findet in Teams eine Besprechung meist als Videoanruf statt, ist aber auch als Sprachanruf möglich. In beiden Fällen hat man den Vorteil den Bildschirm für Kollegen freigeben zu können.

Für die Planung einer Besprechung können Sie den Kalender von Microsoft Teams verwenden. Dieser Kalender ist mit Ihrem Exchange-Konto von Outlook verbunden, das bedeutet das alle Termine, die Sie im Kalender von Outlook hinterlegen in Microsoft Teams angezeigt werden und Besprechungen, die Sie in den Teams-Kalender eintragen mit Outlook synchronisiert werden.

8.1 Neue Besprechung im Voraus planen

Termin festlegen und Teilnehmer einladen

Hier stehen Ihnen zwei Herangehensweisen zur Verfügung:

- **Starten Sie im Chat**
  - Wählen Sie den Chat mit dem gewünschten Kollegen aus und klicken Sie unterhalb des Nachrichtenfensters auf *Besprechung planen*.

  - Ein Besprechungsformular öffnet sich, in das der Teilnehmer bereits eingetragen ist.
  - Analog dazu können Sie den passenden Gruppenchat auswählen, um sich mit mehreren Kollegen zu besprechen.

- **Starten Sie im Kalender**
  - Wechseln Sie zum Bereich *Kalender*. Suchen Sie sich den passenden Wochentag aus. Der Kalender ist jeweils halbstundenweise unterteilt, klicken Sie in das gewünschte Feld, um sowohl Datum als auch Uhrzeit zu übernehmen.
  - Es öffnet sich ebenfalls ein Besprechungsformular in das bereits Wochentag und Uhrzeit übernommen sind.

- Jetzt müssen die restlichen Felder des Besprechungsformulars noch ausgefüllt werden.

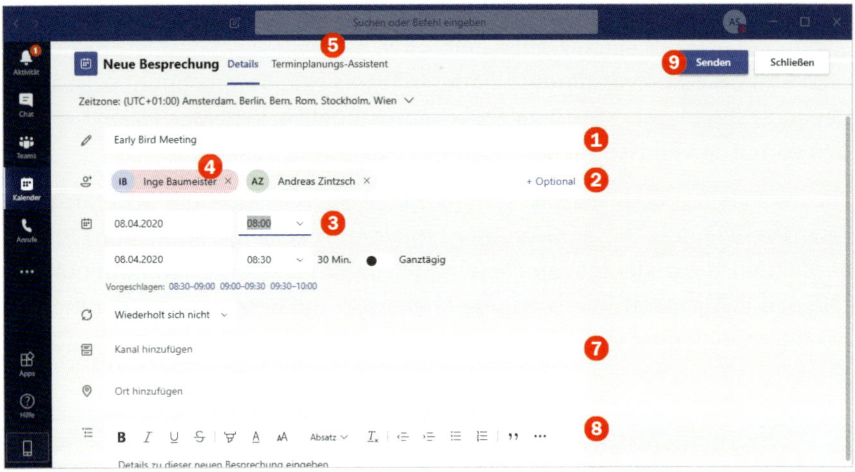

1 Geben Sie einen **Titel** für die Besprechung ein.

2 Hier legen Sie die weiteren **Teilnehmer** fest. Tippen Sie einen Namen in das Feld und wählen Sie die passende Person durch Anklicken aus.

3 Wählen Sie dann **Datum**, Beginn und voraussichtliches Ende der Veranstaltung aus.

4 Kontrollieren Sie, ob alle Teilnehmer Zeit haben. Ein rot hinterlegter Teilnehmer hat einen **Terminkonflikt**. In diesem Fall können sie in den Terminplanungs-Assistenten 5 wechseln, um einen geeigneteren Termin zu finden. Klicken Sie den Assistenten an.

6 Da die nachfolgenden Termine bei allen Besprechungsteilnehmern frei sind, kann der Termin verschoben werden. Am leichtesten geht das, wenn Sie den Terminbalken mit der Maus an die korrekte Position ziehen. Klicken Sie dann wieder auf *Details*.

7 Wenn Sie einen Kanal wählen, können alle Mitglieder des Kanals der Besprechung beitreten. Sie erhalten keine gesonderte Einladung, sehen die Besprechung aber im Bereich *Teams*.

8 Geben Sie Informationen für die Besprechung ein, so dass die Teilnehmer wissen, um was es geht und sich vorbereiten können.

9 Klicken Sie dann auf *Senden*.

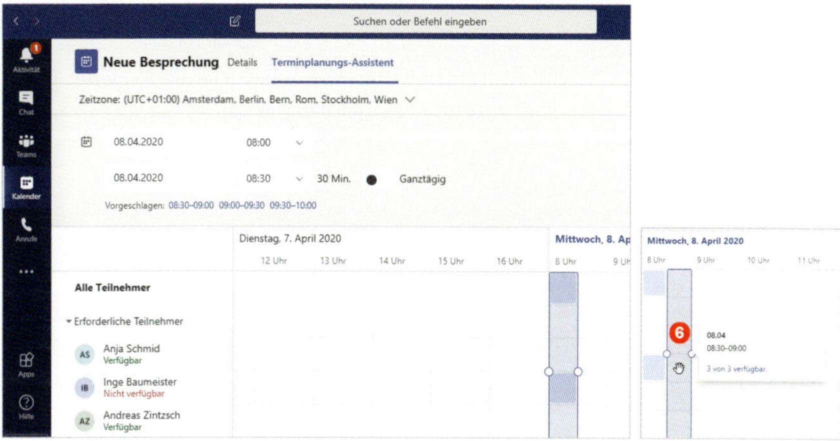

Besprechungszusagen und -absagen

Die Teilnehmer erhalten nun eine Besprechungsanfrage in Ihrem Posteingang und können zu- **10** oder absagen. Das ist ebenfalls im Bereich *Kalender* möglich. Durch die Anfrage wird der Besprechungstermin vorläufig im Kalender angezeigt. Die Teilnehmer klicken mit der rechten Maustaste auf den Termin und wählen die gewünschte Option **11**. Diese Zu- bzw. Absage-E-Mails erhält wiederum der Organisator.

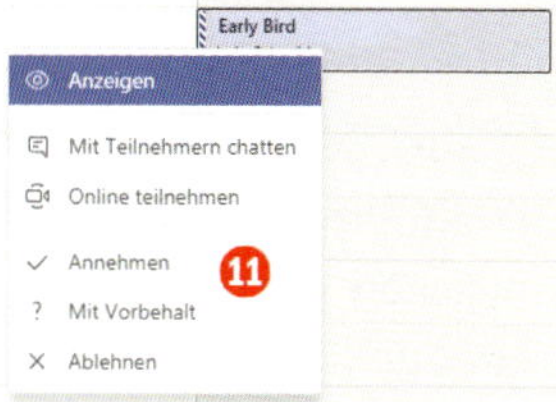

Der Organisator kann im Kalender jederzeit die Besprechungsdetails durch Anklicken des Termins anzeigen und sieht wer bereits geantwortet hat **12**.

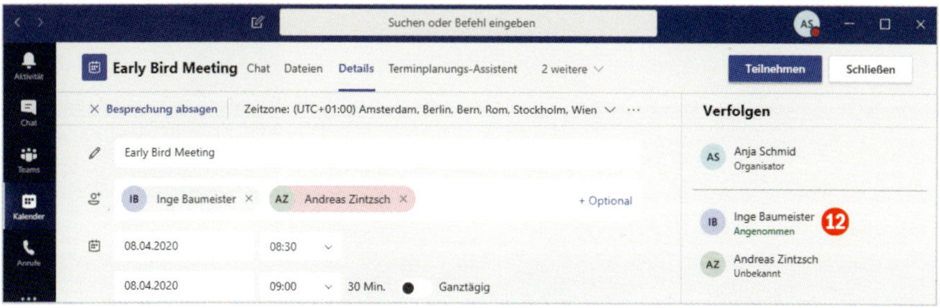

Sie können eine Besprechung auch nur mit einem Kanal erstellen, ohne bestimmte Teilnehmer einzuladen. In Ihrem Kalender wird die Besprechung angezeigt. Die Mitglieder des ausgewählten Kanals werden über die geplante Besprechung im Kanal informiert.

Besprechung durchführen

Teilnehmen über den Kalender

Outlook erinnert Sie auch an Besprechungen in Teams, wie gewohnt mit dem Fenster *Erinnerung*. Wechseln Sie in Microsoft Teams zum Bereich *Kalender* und navigieren Sie zum anstehenden Termin.

Hier wird 5 Minuten vor Start neben dem Besprechungseintrag die Schaltfläche *Teilnehmen* ❶ angezeigt, klicken Sie diese an. Das Videofenster wird geöffnet und Sie klicken hier auf *Jetzt teilnehmen*. Damit wird der Videoanruf gestartet. Die Besprechung kann von jedem beliebigen Teilnehmer begonnen werden.

Die anderen Teilnehmer erhalten dann eine Meldung und können sich durch Anklicken von *Teilnehmen* ❷ und dann *Jetzt teilnehmen* zuschalten. Der Weg über den Kalender steht Ihnen ebenfalls offen.

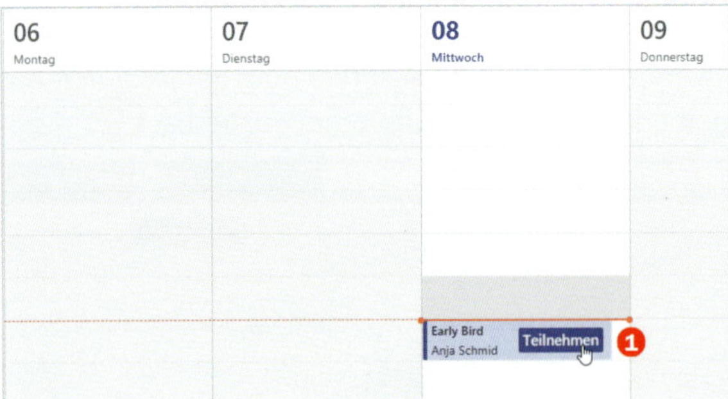

Teilnehmen über den Kanal

Wurde für eine Besprechung ein Kanal hinterlegt, so können auch Kollegen teilnehmen, die nicht explizit eingeladen sind. Diese sehen die Besprechung im Kanal und können hier auch *Teilnehmen* ❸.

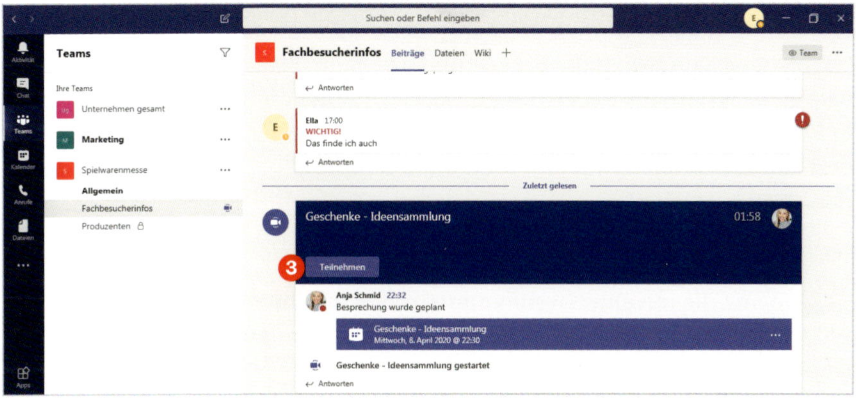

8.2 Besprechung ad hoc

Manchmal ist es leichter kurz über ein Problem mündlich zu diskutieren, als weitere Beiträge dazu im Kanal zu hinterlassen. Klicken Sie dazu im Kanal, Register *Beiträge* unterhalb der Nachrichtenliste auf *Jetzt besprechen*. Das Videofenster wird angezeigt, klicken Sie auf *Jetzt besprechen* um sofort loszulegen.

Im Kanal wird eine Aufforderung angezeigt, an der Besprechung teilzunehmen. Jeder, der mitreden möchte, wählt *Teilnehmen* aus.

9 Teams - Arbeitsgruppen im Unternehmen

Die Mehrzahl von Ihnen wird mit den bereits vorgegebenen Teams und Kanälen arbeiten und selten in die Verlegenheit kommen, eigene anlegen zu müssen. Falls doch, hält dieses Kapitel Wichtiges für Sie bereit.

Um nicht im Durcheinander unterzugehen sollten die einzelnen Teams und Kanäle einer Systematik folgen, die zu Ihrem Unternehmen passt. Das ist oft nicht in 5 Minuten zu entscheiden, sondern erfordert gemeinsame Anstrengungen und Austausch, um die für Ihr Unternehmen beste Organisationsstruktur zu finden.

Grundsätzlich kann man zwei Arten von Teams unterscheiden:

- Teams, die nur einer bestimmten Gruppe im Unternehmen zur Verfügung stehen, z. B. Abteilungsleiter, Mitarbeiter Personalabteilung, etc.
- Ein Team, das alle Mitarbeiter im Unternehmen anspricht, natürlich mit der Einschränkung, dass der Mitarbeiter über ein Organisationskonto verfügen muss. Dieses Organisationskonto, mit dem Sie sich zu Beginn bei Microsoft Teams angemeldet haben, endet auf eine gemeinsame Domäne, meist den Firmennamen, z. B. beate.beispiel@musterfirma.com oder beate.beispiel@musterfirma.onmicrosoft.com. Alle Personen, die über ein Konto mit dieser Domäne verfügen können gemeinsam in Microsoft Teams arbeiten und sind Teil eines organisationsweiten Teams.
- Nicht alle Teams-Mitglieder haben notwendigerweise die Berechtigung zur Erstellung eines Teams, insbesondere ist das Anlegen eines organisationsweiten Teams meist den Administratoren vorbehalten und generell auf 5 Stück pro Organisation beschränkt.

9.1 Team erstellen

Team für einen Mitarbeiterkreis erstellen

- Wechseln Sie zum Bereich *Teams* und klicken Sie zunächst unten auf *Team beitreten oder erstellen* ❶ und dann auf *Team erstellen* ❷. Wenn noch gar kein Team erstellt wurde, erscheint die Option *Team erstellen* sofort.

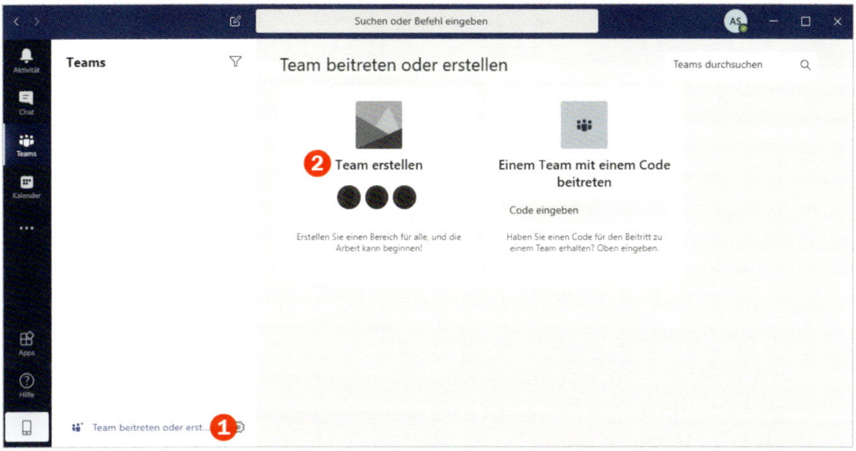

- Klicken Sie dann auf *Team völlig neu erstellen* ❸. Im nächsten Schritt entscheiden Sie, ob es sich um ein privates oder öffentliches Team handelt. In diesem Fall wählen Sie hier *Privat* ❹.

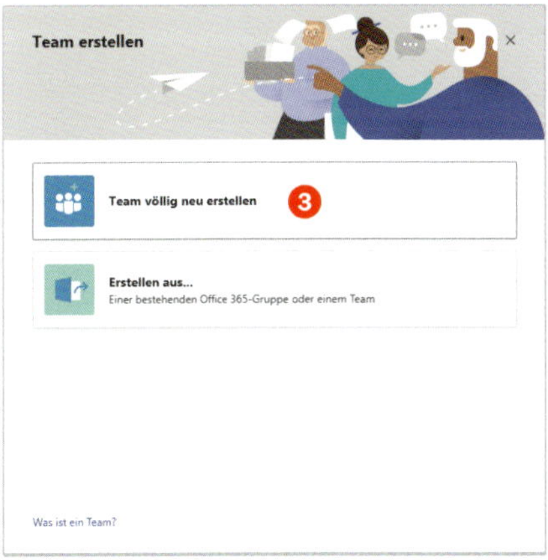

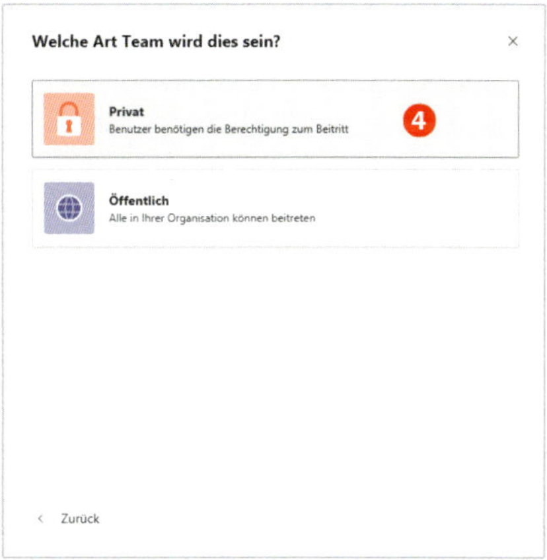

- Als nächstes tippen Sie einen Namen für Ihr Team ein und falls gewünscht eine Beschreibung. Klicken Sie dann auf *Erstellen* ❺.
- Danach benötigt das Team noch Mitglieder, die Sie durch Eingabe des Namens finden und nacheinander auswählen ❻. So vorhanden, kann hier auch nach Gruppen ❼ gesucht werden. Wenn Sie alle Mitglieder hinzugefügt haben, klicken Sie auf die Schaltfläche *Hinzufügen*.

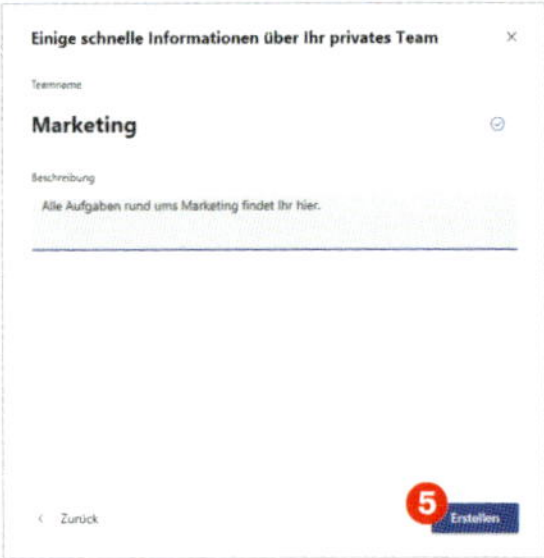

- Sie erhalten eine Übersicht der Mitglieder. Hier können auch noch weitere Mitglieder hinzugefügt oder vorhandene gelöscht werden. Auch die Rolle des einzelnen Mitglieds kann verändert werden. Klicken Sie zum Abschluss auf *Schließen*.

Wir haben nun das Team *Marketing* erstellt. Sie sehen im Bild auf der nächsten Seite, das automatisch der erste Kanal, nämlich *Allgemein* hinzugefügt wurde. Zur Erinnerung alle Mitglieder des Teams sehen alle Informationen des Kanals *Allgemein*.

Team für das gesamte Unternehmen erstellen

Die Erstellung eines organisationsweiten Teams unterscheidet sich kaum von der eines privaten Teams.

- Nachdem Sie *Team erstellen* und *Team völlig neu erstellen* gewählt haben, vereinbaren Sie im nächsten Schritt *Öffentlich* und tippen einen Namen und eine Beschreibung für Ihr Team ein.
- Bei *Mitglieder hinzufügen*, klicken Sie einfach auf *Überspringen*. Dadurch werden alle Mitglieder der Organisation hinzugefügt.

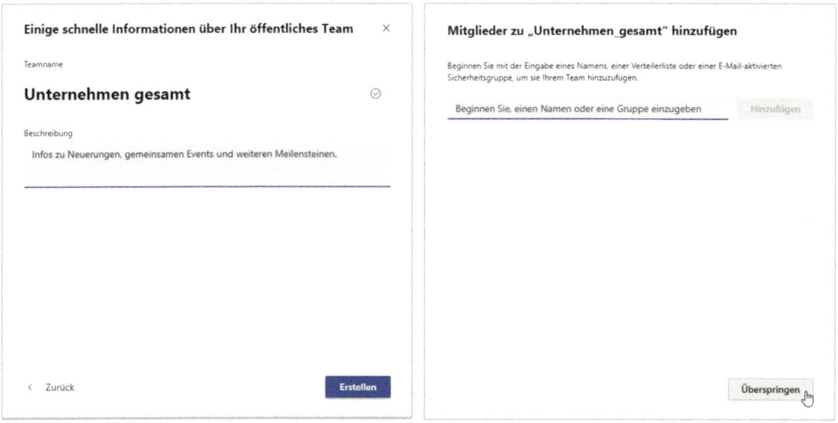

Damit haben Sie ein organisationsweites Team erstellt. Auch diese Teams erhalten automatisch einen Kanal namens *Allgemein*.

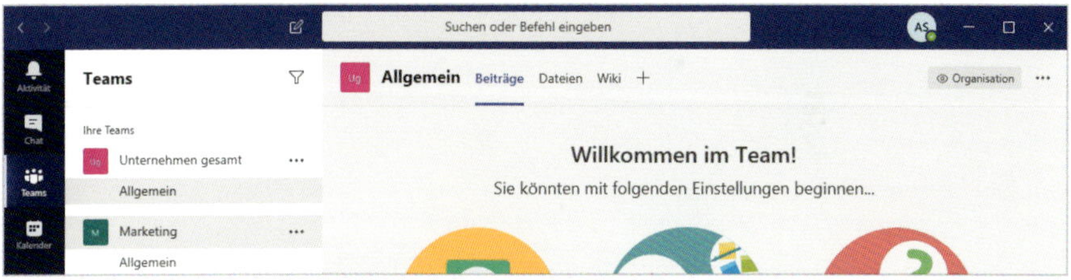

Sind neue Mitarbeiter automatisch im organisationsweiten Team?
Neue Kolleginnen und Kollegen werden organisationsweiten Teams automatisch hinzugefügt, sobald sie sich anmelden.

9.2 Hinzufügen eines Gasts zum Team

Wenn Sie einer Person außerhalb Ihrer Organisation einen Zugang zu einem Team gewähren möchten, müssen Sie diesen als Gast hinzufügen. Der Gast hat weit weniger Rechte als ein Mitglied. Bei der Bearbeitung von Dateien kann er allerdings schon mitwirken.

> Die Möglichkeit Gäste hinzuzufügen ist nicht in jedem Unternehmen erlaubt. Erkundigen Sie sich bei Ihrem Microsoft Teams-Administrator, falls Sie die unten beschriebenen Schritte nicht nachvollziehen können.

1 Klicken Sie auf *Weitere Optionen* ••• hinter dem Team und wählen Sie Mitglied hinzufügen aus.

2 Dann tippen Sie die vollständige E-Mail-Adresse des Gasts ein und wählen diese aus. Es ist von Vorteil, wenn die E-Mail des Gasts bereits Teil eines Microsoft-, Organisations- oder Schulkontos ist. Das erleichtert den Zugriff. Ansonsten muss der Gast im Zuge des Beitritts, seine E-Mail-Adresse einem Microsoft-Konto zuordnen.

3 Klicken Sie dann auf *Hinzufügen* und schließen Sie dann das Fenster.

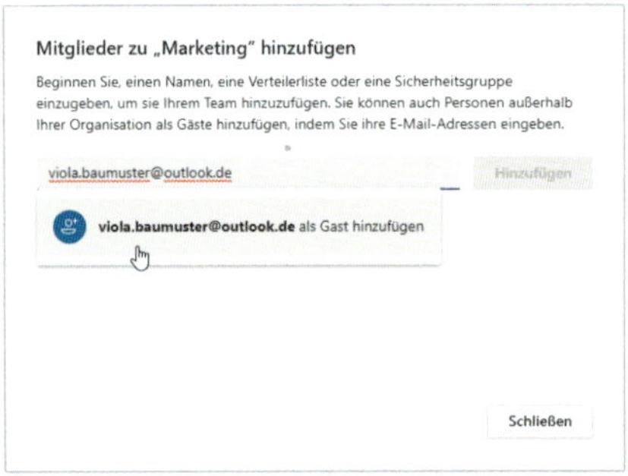

So funktioniert es beim Gast

- Der Gast erhält eine E-Mail. Hier klickt er auf *Open Microsoft Teams*.
- Der Browser wird angezeigt. Der Gast muss den Zugriff *Akzeptieren* und kann dann entweder die Desktop-App oder die Web-App herunterladen.

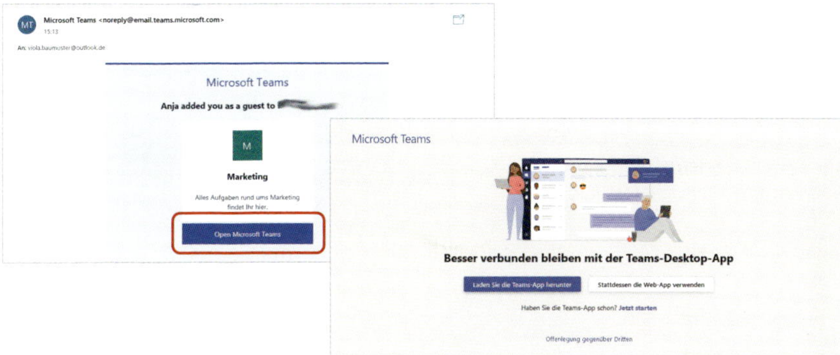

9.3 Mitgliederverwaltung im Team

Eine gute Übersicht zu den vorhandenen Teams erhalten Sie durch Anklicken des Zahnradsymbols ⚙ ❶ unten links.

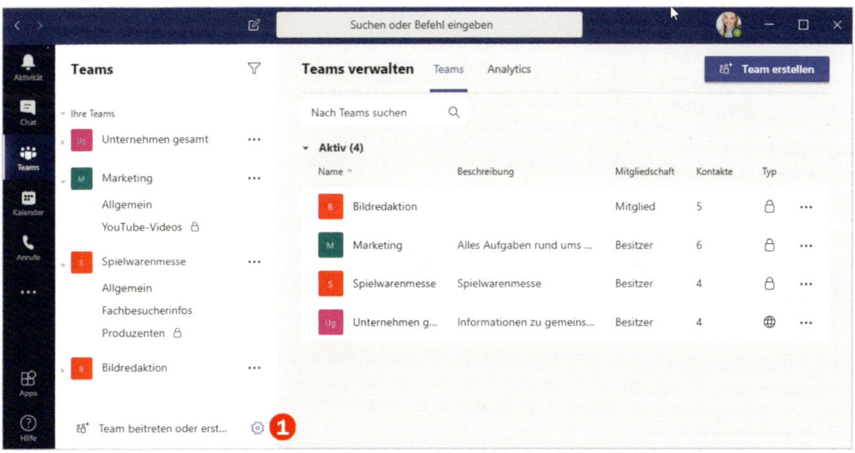

Zur Mitgliederverwaltung, klicken Sie auf *Weitere Optionen* ••• ❷ (siehe Bild nächste Seite) und wählen *Team verwalten* aus. Im ersten Register *Mitglieder* sehen Sie, wer zum Team gehört und welche Rolle (Besitzer, Mitglieder, Gäste) die Personen haben. Klicken Sie auf das graue Dreieck ❸, um die Anzeige zu erweitern. Sofern Sie die Rolle *Besitzer* für das Team innehaben, können Sie auch folgende Änderungen vornehmen:

Weitere Mitglieder fügen Sie über die Schaltfläche *Mitglied hinzufügen* ❹ hinzu. Vorhandene Mitglieder löschen Sie über das x-Symbol ❺ hinter dem einzelnen Mitglied. Zur Veränderung der Rolle einer Person wählen Sie über den Erweiterungspfeil eine andere aus ❻.

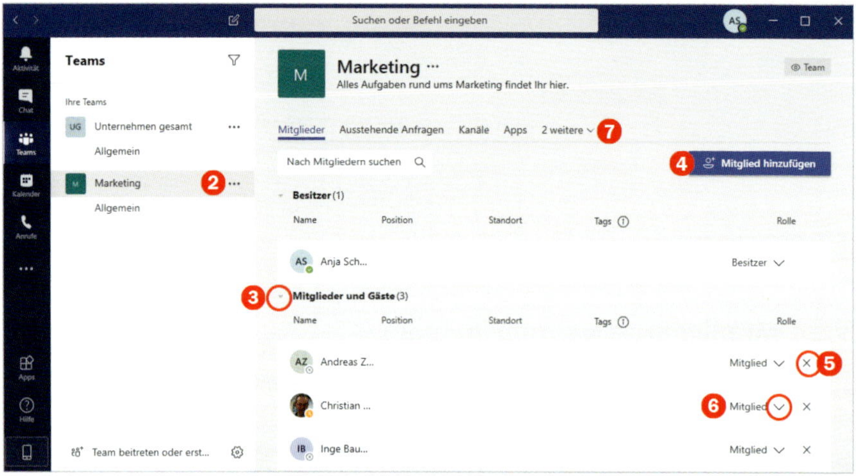

Unter *Einstellungen* ❼, welches sich manchmal hinter dem Erweiterungspfeil verbirgt, finden Sie unter anderem die Möglichkeit Berechtigungen der Mitglieder ❽ zu verändern. Beispielsweise können Sie hier unterbinden dass Mitglieder weitere Kanäle im Team erstellen. *Einstellungen* steht Ihnen nur zur Verfügung, wenn Sie Besitzer des Teams sind.

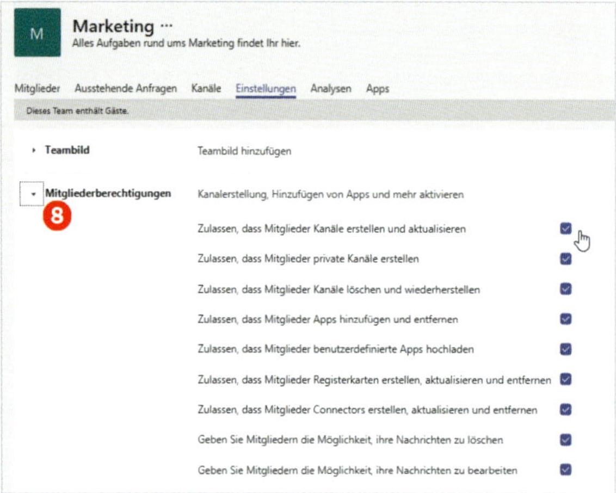

Um den Bereich zu verlassen und wieder zur Ausgangsansicht zurückzukehren, klicken Sie einfach links ein Team an oder Sie verwenden die Schaltfläche *Zurück* links oben.

Neues Mitglied nachträglich hinzufügen

- Klicken Sie auf *Weitere Optionen* ••• und wählen Sie *Mitglied hinzufügen* aus.
- Tippen Sie den Namen der Person ein, wählen Sie diese aus und klicken Sie auf *Hinzufügen*.
- Im nächsten Fenster ändern Sie ggf. die Rolle und klicken dann auf *Schließen*.

Das Team erschein sofort beim neuen Mitglied im Bereich *Teams*. Es sind keine weiteren Handhabungen erforderlich.

Neue Mitglieder können zu einem Team nur von Personen hinzugefügt werden, die die Rolle *Besitzer* haben. Personen mit der Rolle *Mitglied* stellen über die Schaltfläche *Mitglied hinzufügen* eine Anfrage zum Hinzufügen von Mitgliedern an den Besitzer. Dieser kann dem dann nachkommen.

Tastenkombinationen

Allgemein

Aktion	Desktop-App	Web-App
Tastenkombinationen anzeigen	Strg + .	Strg + .
Wechseln zum Suchfeld	Strg + E	Strg + E
Befehle anzeigen, die im Suchfeld ausgeführt werden können	Strg + ⇧ + 7	Im Suchfeld einen Slash / eingeben
Anzeige aller verfügbaren Teams und Kanäle, dann Team/Kanal anklicken	Strg + G	Im Suchfeld /gehezu eingeben + ↵
Filtertext eingeben in den Bereichen Aktivität, Chat oder Teams	Strg + ⇧ + F	Strg + ⇧ + F
Einstellungen öffnen	Strg + ,	
Öffnen der Hilfe	F1	Strg + F1
Schließen	Esc	Esc
Anzeige vergrößern	Strg + +	Strg + +
Anzeige verkleinern	Strg + -	Strg + -
Zoom auf 100%	Strg + 0	

Nachrichten in Kanälen oder im Chat versenden

Aktion	Desktop-App	Web-App
Neuen Chat beginnen	Strg + N	
Nachrichtenfeld anwählen im Chat oder im ausgewählten Kanal	C	C
Neue Zeile beginnen	⇧ + ↵	⇧ + ↵
Nachricht senden	↵	↵

Aktion	Desktop-App	Web-App
Das Nachrichtenfeld erweitern, mehr Bearbeitungsoptionen, Zeilenumbrüche mit ↵ eingegeben	Strg + ⇧ + X	Strg + ⇧ + X
Nachricht senden im erweiterten Nachrichtenfeld	Strg + ↵	Strg + ↵
Datei auswählen	Strg + O	Strg + ⇧ + O
Auf den letzten Beitrag im Kanal antworten	R	
Eine Nachricht vor dem Versenden als wichtig markieren	Strg + ⇧ + I	Strg + ⇧ + I

Navigation

Aktion	Desktop-App	Web-App
Aktivität öffnen	Strg + 1	Strg + ⇧ + 1
Chat öffnen	Strg + 2	Strg + ⇧ + 2
Teams öffnen	Strg + 3	Strg + ⇧ + 3
Kalender öffnen	Strg + 4	Strg + ⇧ + 4
Anrufe öffnen	Strg + 5	Strg + ⇧ + 5
Dateien öffnen	Strg + 6	Strg + ⇧ + 6
Teamreihenfolge im Bereich Teams verändern: Markiertes Team nach oben verschieben	Strg + ⇧ + ↑	
Markiertes Team nach unten verschieben	Strg + ⇧ + ↓	

Nicht vergessen! Standardmäßig ist für Microsoft Teams als Tastatursprache *Englisch* eingestellt. Ohne Änderung funktionieren einige der hier gezeigten Shortcuts nicht. Die Tastatursprache ändern Sie durch Anklicken der Persönlichen Einstellungen rechts oben und Auswahl von *Einstellungen*. Hier finden Sie im Bereich *Allgemein* die Tastatursprache ganz unten.

Sprach- und Videoanrufe

Aktion	Desktop-App	Web-App
Audioanruf starten aus dem Einzelchat mit dem Anzurufenden	Strg + ⇧ + C	Strg + ⇧ + C
Audioanruf annehmen	Strg + ⇧ + S	Strg + ⇧ + S
Videoanruf starten aus dem Einzelchat mit dem Anzurufenden	Strg + ⇧ + U	Strg + ⇧ + U
Videoanruf annehmen	Strg + ⇧ + A	Strg + ⇧ + A
Anruf ablehnen	Strg + ⇧ + D	Strg + ⇧ + D
Stummschaltung ein- bzw. ausschalten	Strg + ⇧ + M	Strg + ⇧ + M
Videoübertragung ein bzw. ausschalten	Strg + ⇧ + O	
Hintergrundweichzeichner ein- bzw. ausschalten	Strg + ⇧ + P	

Besprechungen im Kalender planen

Aktion	Desktop-App
Neue Besprechung anlegen	Alt + ⇧ + N
Besprechungsanfrage senden und im Kalender speichern	Strg + S
Zur aktuellen Uhrzeit wechseln	Alt + .
Kalender in der Tagesansicht anzeigen	Strg + Alt + 1
Kalender in der Ansicht Arbeitswoche anzeigen	Strg + Alt + 2
Kalender in der Wochenansicht anzeigen	Strg + Alt + 3